英木 著
邢万军 主编

李白

诗中日月酒中仙

北方文艺出版社

图书在版编目（CIP）数据

李白：诗中日月酒中仙 / 英木著 . --
哈尔滨：北方文艺出版社，2019.1
（走近诗词品人生 / 邢万军主编）
ISBN 978-7-5317-4421-4

Ⅰ . ①李… Ⅱ . ①英… Ⅲ . ①李白（701–762）– 人物研究②李白（701–762）– 唐诗 – 诗歌研究 Ⅳ . ① K825.6 ② I207.22

中国版本图书馆 CIP 数据核字（2018）第 255553 号

李白：诗中日月酒中仙
Libai Shizhong Riyue Jiuzhongxian

作　者 / 英　木
主　编 / 邢万军
责任编辑 / 路　嵩　张贺然
封面设计 / 琥珀视觉

出版发行 / 北方文艺出版社
邮　编 / 150080
发行电话 /（0451）85951921 85951915
经　销 / 新华书店
地　址 / 哈尔滨市南岗区林兴街 3 号
网　址 / www.bfwy.com

印　刷 / 三河市嵩川印刷有限公司
开　本 / 710mm × 1000mm　1/16
字　数 / 143 千
印　张 / 11
版　次 / 2019 年 1 月第 1 版
印　次 / 2020 年 8 月第 3 次印刷

书　号 / ISBN 978-7-5317-4421-4
定　价 / 36.00 元

序

荡一叶小舟，畅游江上。你随身携带的唯有一壶酒，一身蓑衣和一份潇洒闲适的情怀。你坐在舟前，将酒斟满，一半入腹，一半敬江。望着远方若隐若现的山影，听着岸边林内的猿声，风在你耳边呼啸而过，你听到的唯有大自然的低声轻吟。所谓“潇洒”亦不过如此了。

人的一生又何尝不是这般荡舟而行？有人一帆风顺，轻松靠岸，收获财富与声望；有人总会触礁，伤痕累累的不仅是轻舟，还有身体和心灵，若继续前行，收获的也许是海阔天空，也许是更多的礁石；有人从不上岸，只随风而行，风吹往何方，自己便漂往何处。在这人生的航行中，有人始终微笑，即使面对风浪也一笑置之；有人愁眉苦脸，即便风顺亦烦躁不堪；有人无悲无喜，淡看千帆行过。

而在你的人生旅程中，你似乎总是带着一壶酒。你的目光始终停留在左右的风景和手边的酒樽上。做你的朋友必然是幸运的，因为你总有好酒喝，总能给人带来开怀的情绪；而做你的朋友又很倒霉，因为总要给你备酒喝。但相较起来，幸运总比倒霉要多许多。因为人们往往宁愿将珍藏的好酒送给一个潇洒自在的好友，也不愿将平凡之酿送给不懂喝酒的人。

那时的长安聚集着全天下的才子佳人，那里有最能醉人的酒、最美的女子、最甜美的荔枝和最精彩的故事。酒楼上，说书人舌灿莲花，为饮酒的客人讲述着古往今来的传奇故事。客人听故事入了神，桌上饭已凉，菜已冷，客人仍兴致勃勃听着书。而你对说书人口中的传奇丝毫不感兴趣，你在意的只是今日之酒为何比昨日又淡了许多。

这世上有几人甘愿长醉不醒，宁愿千金买酒换得一时痛快？你总是保持着令人钦羡不已的态度，当其他人灰头土脸地在仕途上攀爬时，你已荡着轻舟走遍千山万水。也许只有那繁华的盛唐，才能酝酿出这样的酒中之仙吧！

鱼玄机仍在怀念曾经的有情郎，公孙大娘的剑舞仍在绝艳天下，张旭的草书仍旧无人识懂，玄奘还在继续他的西域之行，奔腾在城外的千里马仍载着最新鲜的荔枝。而你，你的轻舟，已经驶过了万重山。

目录

第一章　少年早欲五湖去

云见日月初生时 /003

春风东来忽相过 /008

麦陇青青三月时 /013

忽逢江上春归燕 /017

人生得意须尽欢 /023

玉京迢迢几千里 /028

第二章　长安白日照春空

昔在长安醉花柳 /035

我欲攀龙见明主 /040

骑龙飞上太清家 /045

长风破浪会有时 /050

金作蛟龙盘绣楹 /056

笑隔荷花共人语 /061

第三章　安能摧眉折腰事权贵

一醉累月轻王侯 /069

钟鼓馔玉不足贵 /074

寒云夜卷霜海空 /079

天生我材必有用 /085

男儿百年且乐命 /090

今时亦弃青云士 /095

第四章　我本楚狂人

千里江陵一日还 /103

金尊清酒斗十千 /107

李白与尔同死生 /113

一朝飞去青云上 /118

落花寂寂委青苔 /124

与尔同销万古愁 /129

第五章　弃我去者昨日之日不可留

云凭凭兮欲吼怒 /137

行路难，行路难 /142

朝如青丝暮成雪 /146

问君西游何时还 /151

但愿长醉不愿醒 /157

何须身后千载名 /162

后　记 /166

第一章

少年早欲五湖去

云见日月初生时

太白何苍苍，星辰上森列。
去天三百里，邈尔与世绝。
中有绿发翁，披云卧松雪。
不笑亦不语，冥栖在岩穴。
——李白《古风·太白何苍苍》

这是怎样的情怀，在千年之后，仍能使人思之落泪?

时如逝水。在历史的长河中，撑一竿长篙逆水而行，在以天北星为首的熠熠星辉下，游行回一千多年前。那日满天繁星，夜色笼罩下的大唐有种别样的华美。长安仍在沉睡着，距长安还很遥远的碎叶小城也在沉睡着。唯有那些不安分的游行星神忙碌着采撷今夜的亮星。无聊了几百年的太白金星也蠢蠢欲动，想游历一趟人间，感受一番这少有的盛世嘉年。

于是太白金星踏着月色，来到了碎叶这座优雅的小城。这小城中，一位已怀胎十月的母亲正安详地睡着，她知道她的孩子即将出生，在这等待新生命到来的喜悦中，她享受着一个又一个的美梦。太白金星心有所感，索性来到她的梦中，告诉她自己即将成为她的孩子，即将在她的照顾下，享受一段幸福的童年时光，并在未来以其炫目华彩，来装点这幅盛唐画卷。几日之后，这位母亲顺利地生下了一个健康的男婴，为碎叶李家带来了第十二个孩子。孩子的父亲李客索性为这孩子取名为李白，字太白。

碎叶只是地处大唐边疆的一座小城，这座小城并不若长安那般有着许多绝代的佳人和意气风发的书生，只有许多异族商人，他们时常聚在一起饮酒闲谈。这里看起来是不会养育出浪漫文人的。也许那一夜太白金星是饮醉了，误将碎叶当作了长安，才会选择降落在此地。纵然人们常说酒醉误事，但对酒仙来说，误事又有何妨呢？天下大事唯酒而已，若无酒，人生亦属无趣。或许是冥冥中的指引，李白降生之后，父亲李客便带着全家离开了碎叶。尚不明人事的李白就这样随着父亲的马车队，踏上了人生的第一个旅程。

李白生来便与远行有着不解之缘，于是在他生命中的几十年，他多数时间都是在旅行的。他是一位行者，但并非苦行，他的旅行总是伴随着惬意，伴随着浪漫的情怀，伴随着绝佳的好酒，在天地之间享受他可以享受的一切。真正的潇洒并不是怀揣万金乘船远行，而是哪怕千金散尽，仍能躺在小舟之上晒太阳。

年幼的李白尚无法追求这份惬意，他所能做的只是躺在母亲的怀中，感受着来自亲人的温暖。当途经霜雪之地时，他的身体会被裹上最温暖的棉衣，当旅途中遇到风雨时，父母的身躯会为他遮风挡雨。这趟旅行是这般漫长，队伍中有人心态积极，有人满腔抱怨，唯有不懂事的幼童李白睁着他的大眼睛，为一路上的风景而惊奇不已。

旅程的终点是蜀中一个叫慢坡渡的小村庄。这里仍旧不是长安，但这里已不再有许多聚在一起饮酒的异族商人，这里只有青山绿水，有轻柔淡雅的薄雾，有谦谦君子的竹林。在这个村庄里，天地是幅曼妙的图画，每一棵树，每一朵花，每一片叶子都是一首让人口齿生香的诗歌。或许是太白金星的指引，才能让李家找到这样一处世外桃源般的栖居之所吧。

没去过慢坡渡的人永远无法想象，这个地方有多美。这里不仅风景幽雅，还接受着来自不同领域文化的熏陶。这里到处都是文人墨客，他们或者崇尚儒教，或者崇尚道教，他们彬彬有礼，谈话间也少有俗言。在这里成长起来的人，即便不是学富五车，起码也熟读经史子集。这一场迁徙，改变了李白的成长轨迹，为他带来了无可限量的未来。也许正是因为李白的出生，李家才会有这样一次漫长但值得的旅行吧。而从在慢坡渡落户的那一刻起，一代诗酒之仙的孕育也就慢慢开始了。

古神话是这样浪漫，如果你相信了，你就会发现，原来天上的星神都是这般有情趣。当天下乱时，他们应运来到凡间历劫，当天下太平时，他们又喜爱来到人间感受世情悲苦。也许是高高在上的天空太过冰冷，才让这些星神对人间无比向往吧。而太白金星尤其浪漫，他不喜历劫，不喜历苦，他只想在这最好的时代，亲身感受这诗情画意的盛唐。

李白就这样在慢坡渡开启了他的年少时光。无论是物景，还是人景，都在熏陶着他年幼的心灵。他是个天生的诗人，来到慢坡渡对他来说可谓如鱼得水，在这里成长起来的他，小小年纪便写出了惊才绝艳的诗句。那是一个文人治国的时代，那时读好书便可做好官。每一个状元之才都是文章能手，会写文章的人就能考取功名做大官。每一个家庭都希望能培养出一个当朝状元，李客也不例外。李白的才能让他非常喜悦，他决意用心培养李白，教导他用心读书。但李白那时却对当官没有兴趣，尽管他在做文章上有着别人望尘莫及的鬼才，但他最大的愿望却是可以仗剑行侠。如每一个热爱武侠的少年一样，李白将宝剑当作人生的最爱。他无论行至哪里，总有佩剑随身。

年少的李白总是逃学，不喜读书。天才多数都不喜欢读书，因为书太死，心太活。天才的想法总是许许多多，他们喜欢到处去看，去感受，去思索。比起读书，李白更喜欢佩带着他的宝剑四处游玩。一个生着游侠之心的人，你如何让他安心坐在书塾内，摇头晃脑读着四书五经？纵然带着父亲的期望，带着天生的读书才能，游侠的心仍然系着外面的山清水秀、人文世情。

好在聪明的孩子就算不够用功，成绩也不会太差。爱游玩的李白并没有受到父亲、师长的过多责备。他比贾宝玉要幸运，没有因为他不用心读书就痛心疾首的父亲。他就这样自在快活地在慢坡渡成长起来，一直长到十八岁。

十八岁前，大家始终告诉他，若要出人头地，必须考取功名入朝为官。李白知道他们并未说错，但心中总觉得不痛快。与万千学子一同考试，争取名列前茅，从秀才一路爬到进士，爬到三甲，这是许多少年的目标，是许多功成名就之人的必经之路。然而这条路，李白并不喜欢。他期望能有一个契机，让他可以不必走这条路，也能成功。命运对他何其照顾，他很快就找到了这个契机。

那一日春和日丽，十八岁的李白带着他的宝剑来到梓州。他听闻这里有一个不凡的隐士，希望能够得见其面。这次拜访很顺利，他见到了隐居在山中的赵瑕。赵瑕拥有不世之才，经常被朝廷邀请去做官，但是比起做官，他更爱闲适在山中。这世上总是有人不爱做官、喜爱田园的。而他此时正在享受的生活，恰是李白最为向往的。天高云淡，在青山之中，赵瑕带着他满腹的才学，每日与他饲养的山鸟做伴，于他而言，这比入朝为官不知好了多少倍。赵瑕的田园如有磁力一般吸引着李白的眼和心。他就这样留了下来，如每一个找到名师的少年一样，每日听从教诲。

赵瑕十分喜欢这个少年。虽然这时的李白还只是一个名不见经传的小子，但赵瑕已经看出这少年身上的不凡之气。他看出这少年不日之后必能名扬天下，当然，更多的是与他惺惺相惜。言谈举止间的太过相似的气质，让他们很快成为了忘年之交。

赵瑕养了上千只鸟，李白便在山中帮他喂鸟，顺便学习那些他尚未想过的人生之理。飞鸟在空，仅凭双翅便可遨游天下，比起尘世中被固定在一方之地的人，飞鸟有着太多的自由，享受着天地之间的大自在。有些人喜爱养鸟、看鸟，喜爱将各种羽毛漂亮的鸟禁锢在笼子里，供他们观赏。赵瑕却将鸟放养在山中，与其说养，不如说他与这些鸟是邻居、密友，他们享受着彼此的自在，欣赏着对方的肆意。人们喜爱看鸟，是因为无法离地的生物总是对翱翔在空的鸟有着与生俱来的钦羡。但赵瑕不必钦羡，那份自由他已然拥有。

赵瑕曾经也在考取功名的道路上挣扎摸爬。在科举制度下，自是出过许多良才，但也有许多身负奇才的人无法得志。以文章论才的考试本就容易偏颇，所以落选者未必无才，也许只是文章不得考官的心而已。多次落选后的赵瑕厌倦了科举考试，开始卧山而居，撰写了许多书籍，名声甚至比许多当朝之官还要大。他也与李白一般，喜爱仗剑游侠的生活。李白在他的身上学到了许多东西，最重要的是他为李白树立了一个榜样，他让李白知道了，原来不走科举之路也能名扬天下。这是最重要的。

春风东来忽相过

归途行欲曛，佳趣尚未歇。
江寒早啼猿，松暝已吐月。
月色何悠悠，清猿响啾啾。
辞山不忍听，挥策还孤舟。

——李白《自巴东舟行经瞿唐峡
登巫山最高峰晚还题壁》

李白的心开始活泛起来。离开赵瑕，他再度置身于慢坡渡，置身于他生活了近二十年的家乡。仔细欣赏这个小村庄，他发现，原来慢坡渡实在是很美：清晨薄雾如幻似梦，若隐若现的青山，在薄雾之后，如同徽墨漫点；晨去雾尽，枝上淡黄的轻叶边挂着晶莹的露珠，在露珠的光面上仿佛能看到一村的风景。村庄不若城市纷杂，几声虫鸣低语让慢坡渡的清晨显得格外安静。这实在是个使人心旷神怡的地方，但近二十年了，再美的风景，李白也早已看够。

在这村庄里，有许多人已经生活了一辈子，他们从未看到长安是怎样的光景，他们一生守着这山、这水，平平安安便觉足够。但李白无法如此，他天生便是要看尽大山大水，看尽无限江山的。近二十年的禁锢已经太久，他必须要迈开双足，开启他的游侠生活了。

这一年，李白二十岁。他如当时许多游侠书描写的那样，穿上一身道袍，将宝剑佩带在腰中，只身离开慢坡渡，开始他游历蜀中的旅程。他知道蜀中是很美的，过去的许多年里，他为了考取功名而被禁锢在书塾中，禁锢在对功名的追逐中。当他意识到人生并非只有科举考试一条路可走时，他终于开窍了，也终于可以放下一切去尽情观赏这世界的美好了。

此次游历，与其说是解放禁锢看风景，不如说是为了寻仙问道。李白的一颗游侠之心始终不死，而在游侠的故事里，总少不了关于剑仙的传说。李白腰佩宝剑，便是为了能够得到入剑仙之门的契机。所以他的足迹多是停留在了道观等场所。他去了许多地方，包括成都、峨眉山、青城，这一次游历让他开阔了眼界，让他看到了慢坡渡外面的风景。当然这些风景在他的游侠生涯中，只不过是冰山一角。

途中，他来到一个叫作戴天山的地方。戴天山又名大匡山，在绵州昌隆县西，这山中有一座大明寺。李白来到大明寺，在这里停留了许多时日。寺庙的气氛与环境很得李白的心，他喜爱在这样的古寺内读书。当寺钟敲响，他的心反能安静许多。在读书的空闲里，李白会走出大明寺，在戴天山上寻找求仙的道士——这才是他停留在此的真正原因。

正是春时，戴天山上的桃花正值盛开的时节。芬芳的桃花如同冬雪一般，花瓣随风而舞。天地之间被一片淡粉色填满了，这很容易让人想到，在桃源的另一边，有神仙在居住着。清晨，当山中的浓雾散去，桃花上沾着露珠，空气中的草香气使人心旷神怡。李白在这样的清晨离开了大明寺。

“犬吠水声中，桃花带露浓。”清爽的空气将李白的困倦一扫而光，他走出寺门，放耳听去，他听到不远处的泉水正汩汩流淌。这山中的泉水在春日里总是载着新落的桃花，将山上的愁绪带到山下，同时也带去了山中的清凉。几声飞鸟鸣叫着在头上经过，山中的野犬不知遇到了什么，在那里叫个不停。这些来自大自然深处的声音，比城市中的嘈杂声要动听许多。

李白悠闲地迈着步子，当衣衫掠过一株桃树，几片花瓣连带上面的露珠都沾在他的衣襟上，但他无意将其拂下，只任由它们挂在那里，任由露珠渐渐浸湿了衣襟。他沿着山上的溪流向前行去，在寻访道士的过程中，他也同样享受着沿途的风景。渐渐地，清晨已过，他从清晨行至晌午，偶尔能够在树林深处看到麋鹿的出没。这麋鹿自然是道士所养，见到鹿，就说明快要到达道观了。可惜，“树深时见鹿，溪午不闻钟”。他听不到钟声，看来道士并不在家，这一次出访，算是白走一趟，要无功而返了。

李白来到道士所居之处，但见“野竹分青霭，飞泉挂碧峰”。在青气之间，野竹生长得很是茂盛，而遥望远处的青峰，其间飞流而下的瀑布很是优美。他询问了周围的许多人，想知道道士去了哪里，然而无人知晓。无奈下，他只好郁闷地倚在松树旁等待，但等待许久，道士仍未归来。

这一次经历，让李白在归去之后，写下了这首《访戴天山道士不遇》。这诗中好似是在讲李白的一次求道失败的经历，但仔细看来，除了第四句“无人知所去，愁倚两三松”，整首诗都在描述他一路上所见之景。他固然未能得见道人，但他感受到了“犬吠水声中”的意趣，看到“桃花带露浓”的静美，望见了“树深时见鹿”的神秘，又在道士居所看到分青霭的野竹与挂碧峰的飞泉。就算李白说自已愁，但整首诗上，我们还是能看到，他在山中的惬意和自在。就算“不遇”，就算“不闻钟”，这仍是一首意境美好的诗，而并非愁绪之诗。

或者这便是李白的特点，哪怕结果再糟糕，他也能在沿途的风景中找到让自己开怀的事情。有些人活在终点，他们一生都在为那终点而奋斗，哪怕身处泥潭，哪怕身陷困苦，只要最后能够到达终点，那么他们便觉得付出的一切都是值得的；而李白是活在路上，他也有一个为之努力的终点，但当一路走过，那终点是否会到达已不重要。重要的是沿途上，他会挑选最心仪的路线。无论哪一种，无关对错，只不过活在终点的人总要苦一些，而活在路上的人，总要欢喜一些罢了。

在蜀中游历的过程中，峨眉山自然是不可不去的地方。许多游侠故事里，峨眉山都是一个重要的据点。名门正道往往都出身于此，大的剑仙门派也往往被设立在峨眉山。大概因为这里真的是一个适合孕育剑仙的场所，或者说，峨眉山本身就是一座可以用来求仙问道的仙山。

李白在蜀中游历期间所写的诗作流传下来的并不多，而《登峨眉山》正是其中一首："蜀国多仙山，峨眉邈难匹。周流试登览，绝怪安可悉。青冥倚天开，彩错疑画出。泠然紫霞赏，果得锦囊术。云间吟琼箫，石上弄宝瑟。平生有微尚，欢笑自此毕。烟容如在颜，尘累忽相失。倘逢骑羊子，携手凌白日。"

所谓蜀国，自然便是指蜀中地带，也就是现今的四川。这里是在群山之中，而在这些山里面，峨眉山算是最为秀美的。也许古人将此山命名"峨眉山"，正是基于此因吧。秀美的山总是让人觉得仙气缭绕，这也无怪人们喜爱在故事中让峨眉山成为剑仙的据点。李白在峨眉山上周游了一番，却发现原来不论走得多远，看得多仔细，仍然无法将峨眉山的景色尽览。

置身峨眉山，宛若已在仙界，山中景色如画卷一般，而游者也便成了画中之人。丹霞与云雾，让人的心变得平和，心胸也变得开阔，仿佛已将尘俗抛于身外，感受天地间的大自在，仿佛得到了仙人妙术，让人茅塞顿开，大彻大悟。

于是，得到仙人妙术的李白开始享受仙人的欢快，在云雾间吹奏琼箫，坐在石头上弹奏瑟曲，将心融于这些山景之中，又将心中山景化作音律。箫瑟之声环绕四周，不知是乐声打动了山景，还是山景生出了乐意。在此情此景之下，谁还会贪慕世间的荣华富贵？谁还会为尘世间的乐与苦而大喜大悲？只有这山林萧瑟之间的情怀，才是人间真正的欢笑啊！

传说中，在周朝时期，有一个名叫葛由的羌人。他平日里最喜爱将木头刻成羊的模样，再卖出去换钱。他刻着刻着，这羊越来越逼真，最后竟真的叫出声，起身奔跑了。于是他跨坐在羊的身上，一路奔至蜀中。蜀中有王侯贵人见到木羊奔跑，十分惊奇，便追上去。葛由见此，便骑着木羊登上峨眉山，一直登到山顶，并羽化登仙。而跟随前去的人亦从此入了仙道。从此，在峨眉山便流传着这样的传说，只要你能在峨眉山顶见到骑着木羊的人，你便有机会登仙了。

李白来到峨眉山顶，心中亦想，若是此时能够见到骑着木羊的葛由，那便要立即随之而去，从此入仙，不复归还人间。

然而他并未见到葛由，最后也只能离开峨眉山。其实去过峨眉山的人，又有谁能真的羽化登仙呢？从峨眉山归来的人，也只是继续过着之前的日子，并不会有多少改变。李白亦是如此，尽管他的一生真的宛若仙人一般，但也只是因为，他原本如此。

此次游历，让李白的心变得更大也更远。对他而言，他的家乡已不再仅仅是一个小小的慢坡渡，而是整个巴蜀之地。他热爱峨眉山的丹霞，热爱青城的优雅。他生来就是为了看尽山水的，他是一个活在山水之间的人，尘世风景并不适合他，若人真能成仙，那么他必定早早便登为仙人了。

或者这也因为，山水永远如画，但人却时常丑陋。此番游历，李白看尽巴蜀的山水，同时也看到不少人情世态。他看到一个县令在见到少女溺江而亡后，吟唱着“二八谁家女，漂来倚岸芦。鸟窥眉上翠，鱼弄口旁珠”。看到许许多多将自身才华运用到草菅人命、腐败、谄媚上的官员。人的丑与风景的美形成强烈的对比，这让李白更加犹豫，犹豫是否要从此放弃入朝为官的想法，做一个彻彻底底的修道者。

他尚且无法做出一个确切的决定，因此他决定继续走走看看。

麦陇青青三月时

朝辞白帝彩云间，千里江陵一日还。
两岸猿声啼不住，轻舟已过万重山。
——李白《早发白帝城》

五年的巴蜀之游并没有满足李白的游侠之心，他的心更加活泛，他决定离开巴蜀，到更远的地方去看看。那一年正是阳春三月，麦陇青青之时。他乘着一叶轻舟，带上足够的金钱，当然，还带着他的佩剑，沿着万里长江漂流而下，一路奔往江陵。

说起李白这个名字，人们的脑海中往往都会出现这样一幅画面：一只小船在江上漂流，一个身着白衣的男子站在船头，风将他的头发和衣襟吹起，而他只饮着酒，吟着诗，自在地看着远处的山与水。仿佛李白这个人的一生都是在江上、船上度过的。而事实上，他也当真如此。他的诗歌总是围绕着名山大川，围绕着江上风景的。他很少看人，他不喜爱看人，他喜爱将整颗心都系在山水之间，然后饮一杯酒，唱一支歌。

与当时的许多儒士不同，李白总有一点道家的风范。行事也是道家的方式。道法自然，在儒士们费尽心思忧国忧民的时候，道士们只是顺应天时变化，自然如何，天下便如何。道家崇尚无拘无束的自在，崇尚摒除一切羁绊，彻彻底底的自由。所以李白总喜欢将自己放在江河之上，随江河漂流，融于天地之间。

这是李白第一次出远门。虽然在此之前他已经游尽蜀中之地，但那毕竟是绕着家门口游玩。而这一次他离开蜀中，则是彻彻底底告别了家乡。来到江陵，他先是遇上了一位旧友，这位旧友名叫元丹丘，是他在蜀中游历时结交的好友。元丹丘也是一个寻访仙道之人，他们在蜀中时便一见如故。此番来到江陵，元丹丘自然是他最好的游历伙伴。

当时有一位十分有名的道士，名叫司马承祯。在那个当权者都爱求仙丹崇尚道术的年代，司马承祯备受当权者的欢迎。玄宗经常召见他，玄宗的妹妹玉真公主更将他拜为师父，以学习仙道。在追求道术的年轻人中，他也是很多人的榜样。此时他也正在游历途中，在李白到达江陵的时候，司马承祯也恰好路过江陵。

元丹丘与李白自然不会错过此等机会，二人一同去见这位道人。司马承祯这样的名人，所到之处自然少不了前呼后拥，每日来求见的宾客可谓络绎不绝。众人都希望能向他学习一些岐黄之术，或者求其算命保平安。司马承祯算是得道之人，早已脱离凡俗，每日被俗人打扰心中亦十分无奈。但见到李白之时，他顿时觉得神清气爽。李白不但气质非凡，且谈吐不俗。一番交谈之后，司马承祯感慨道：“君家有仙风道骨，可与神游八极之表。”此评价可谓非常高，这让李白十分欢喜。他又说：“观君眉宇之间英气勃勃，言谈之间，不忘苍生社稷，毕竟志在匡济。以你之才识，当此开元盛世，自是鹏程万里，待你事君之道成，荣亲之事毕，再来天台山寻我。”

这次见面令李白兴奋不已，他一方面感激司马承祯的知遇之恩，另一方面又因自己的求道之路被认可，而更加确定了日后目标。而正如司马承祯所说，他需要先在仕途上努力一番，再功成身退，隐居修道。多日来的犹豫与烦躁一扫而空，李白觉得自己身上的担子轻了许多。

回到家中，李白开始胡思乱想，他想起《神异经》中那只名为“希有”的鸟；他又想起《逍遥游》中的关于鲲鹏的故事，想起那条鲲鱼在大海中漂流，最后化为鹏鸟，怒起而飞，其翼若垂天之云。他觉得自己便是那只鹏鸟，而司马承祯便是那只希有鸟。他认为只有鹏鸟才有机会遇到希有鸟，于是他挥笔写下一篇《大鹏赋》来纪念这段了不起的相遇：“‘吾右翼掩乎西极，左翼蔽乎东荒，跨蹑地络，周旋天纲。以恍惚为巢，以虚无为场。我呼尔游，尔同我翔。’于是乎大鹏许之，欣然相随。此二禽已登于寥廓，而斥鷃之辈空见笑于藩篱。”

李白不愧为狂人，他的狂若是放在其他人身上，简直是可笑的，但是放在他的身上，就是相得益彰。他是狂人，但他有资格狂，他狂得潇洒。他的天才，他的气质，他的那些让人无法企及的想象，都让人望尘莫及。所以即便他狂，也无人敢笑他，也无人有资格笑他。

当然，与司马承祯的相见，并没有让李白结束他的游历，事实上，他的远行才刚刚开始。他与蜀中的同窗吴指南一同远行，他们先是逆湘江而上，在九疑山折返，之后他们停留在岳阳，畅游于八百里洞庭湖。就在畅游洞庭湖期间，吴指南忽然染上奇病，病情很快恶化，最后暴病身亡。

吴指南的病亡令李白感受到了生离死别之苦，他肝肠寸断，伤痛万分。在湖边，他守在友人的尸体旁，这时候一只猛虎经过，李白为了守护友人，不避不躲，坚守不动。好在猛虎并未伤害他，直接走开了。后来李白将友人葬在了洞庭湖边，三年后又回来将友人尸骨挖出厚葬。这一场旅行并不算十分愉快，甚至还给人留下了无尽遗憾，但李白并未因此停下他的脚步。他继续前往江夏之地，登上了庐山。

在庐山之上，他望见那巨大壮美的瀑布，不由得写下诗篇：“日照香炉生紫烟，遥看瀑布挂前川。飞流直下三千尺，疑是银河落九天。”这首诗在后世广为流传，即便是三岁的小孩子，也能背诵下来。这正是因为诗中的想象太过瑰丽，让人惊叹。也只有李白在看到庐山瀑布之时，才能够想到这是天河泻落。或者这都是因为李白的心中住着一个神仙吧。且不论他最后有没有真的成仙，至少他的心已经接近了仙人。

离开庐山，李白往金陵走去。他这一路并不孤单，总能结交到许多朋友，喝到许多美酒。人们也愿意与他结交，他身上的不凡之气总能吸引人们去主动接近他。在金陵，他也是这样结交到了许多气味相投的好友。朋友虽多，却无法阻止他的行程。在金陵驻留一段时间后，他还要离开，前往扬州。这时候金陵的好友都来为他送行。于是他写下《金陵酒肆留别》。

“风吹柳花满店香，吴姬压酒唤客尝。金陵子弟来相送，欲行不行各尽觞。请君试问东流水，别意与之谁短长？”

那时候正是暮春。江南三月，正是金陵一年当中最好的时节。这样的日子里，本应三两好友携手同游，饮酒欢乐的。然而此时李白却不得不与诸位友人分别。他的心中固然是有诸多不舍。他有多么不舍？看那东流之水，他的不舍就如同那流水一般长。然而不论多么美好的相遇，总要有离别的一刻。既然早知如此，不如尽情享受此时此刻的风情，享受酒家的陈年佳酿。

而长醉之后，他将再度踏上旅程。

忽逢江上春归燕

君不见黄河之水天上来，奔流到海不复回。

君不见高堂明镜悲白发，朝如青丝暮成雪。

——李白《将进酒》

这天下太大，人太小。凭人的双足究竟能走多远？如今人们可以坐飞机环游世界，但仍然没有人可以保证自己已经踏遍世上的每一个角落，览尽天下所有奇景，看遍所有世情。尽管如此，仍然有人可以比大部分人看到更多的风景，他们一生几乎都是在路上的，他们也有牵挂，也有离情，但对他们而言，对远处未知世界的好奇心超越了一切。李白就是这样的人。所以尽管金陵儿女对他饱含深情，尽管金陵是那样一个美好的地方，他仍是没有多做停留，而是在告别之后踏上了前往越州的路。

李白坐在马车上，他的行囊并不重，只有一壶酒、一些银两和一点笔墨。他每经过一个驿站，总要把酒壶装满。他可以散尽千金，却不能没有酒喝。一个不学无术的嗜酒者是酒鬼，但一个风度翩翩的嗜酒者，可就是酒中仙了。对他来说，饮酒并非为了醉，而是为了感受，为了品味。酒本是仙人佳酿，只有懂酒的人才能喝出它原本的味道。有趣的是，酒似乎是所有浪子的宠儿，不知是不是酒精的味道特别适合远游这个浪漫的行为。

可就算是一个习惯了活在路上的浪子，也不是能天生适应一切环境的。当李白的马车经过淮南的时候，他忽觉身体不适。许是天气忽然转凉，他意外感染了风寒，身体变得滚热。这个时候就算是远游之心再盛，也断然不能继续前行了。他只有来到附近的客栈住下，找大夫为自己治疗。

于是在淮南之地的一个不起眼的客栈里，一位诗人，一位浪漫主义的行者，就这样停住了他匆匆的脚步。

清晨，阳光从半掩的窗子外面射入，投影在窗前的桌面上，给这个经历了黑夜洗礼的房间带来新鲜生气。这家客栈的主人很有品位，桌面被擦拭得一尘不染，中间放置着一个花瓶，里面插着昨日才采摘的丁香。李白躺在床上，他的发丝凌乱，毫无章法地散在被子里，往日里的翩翩公子此时也成为了虚弱的病人。虽不是寒冷时节，但他却裹着大被，额头上放置着店小二为他刚浸了冰水的毛巾。客栈的床帘古朴而素雅，一切是这样安静，他看了看窗帘，又歪过头看着清晨的阳光，心中忽然涌起一股异样的感觉。

回想过去的时光，他总是癫狂多于沉静。若非这场大病，他可能很难有这样细细思索的时候。风景太多，人的眼睛忙着看风景已是不够，又哪有工夫去理会其他呢？但此时，他却终于可以静下心来想想过去的点点滴滴，想想未来的路还要怎样继续。人在生病的时候总是喜欢胡思乱想，也许清醒之后这些思想都会变得无足轻重，在病中做的决定也不会被执行，但是在病时想的东西，却可能是内心深处的真正呼喊。

店小二在外面敲了敲门，见无人应，便直接端着盘子走进了屋子。他来到李白的床边，毕恭毕敬地说道："先生先吃些东西，药已经依先生吩咐抓好了，等您吃过早饭，我熬好了药就给您送来。"李白看了看他，他还记得昨天大夫来开了药方之后，自己曾经吩咐店小二去抓药。这家客栈的服务还算周到，起码没有怠慢了他。他感激地点了点头，并让小二出去了。

他艰难地坐起身，端起床边的清粥，一口一口喝了起来。这场病真是来得够凶的，本来一个意气风发的青年，忽然就变成了难以下床的老头子。如果这次他没能熬过去，可能就要这样客死异乡了。一想到这里，他的心中忽然涌起一阵寒意。若是就这样离开了人世，岂不是辜负了天底下那么多的秀美山川？他还没有看够，还没有走够啊！如果他真的一病不起，那得是多大的遗憾！

可是就算这场病被他熬过去了呢？人生短短数十年，很快就过去了，正所谓朝如青丝暮成雪，这数十年的时间怎么够一个人看遍天下呢？若是此生未能到自己想去的那些地方，那简直是死也死不安宁了！天下之大，他总要去一次皇城，总要游几次江南塞北，总要看遍那些过去只在书上知晓的美景，才算是了无遗憾啊！好在他知道，这病虽重，但若按时吃药小心养病，就会没什么大碍的。他知道待病愈之后，自己又能继续肆意畅游了。到那时，他一定不能浪费半点生命，人生太短，世界太大，他得利用好每一寸光阴，让生命不至于虚度。

不一会儿，店小二端来了煎好的药，李白将药痛快地喝了下去，他得让自己快点儿好起来。他放下空碗，店小二将药碗与刚才的粥碗收起，打算端出去。这时李白忽将店小二叫住，嘱咐他准备笔墨纸砚。店小二很是不解，“先生病这么重，不好好休息，还要写字啊？”李白无心解释，只嘱咐他照办，店小二也只好点头遵从。

李白又在床上躺了一会儿，经过一夜的休养调理，他觉得身体已经不那么虚弱了。他拿过床边的长袍披在身上，缓步下地，来到窗前。从窗口的位置望去，远处碧蓝的天空上飘着几片浮云，地上的人无从得见浮云之上是何种风景。在李白的思想里，他总认为在那云上应是有神仙在相对饮酒的。他们相谈甚欢，评论着天下大事，享用着饕餮大餐，琼浆玉酿如同饮水一般，兴起之时，便将酒洒在云下。地面上只有有缘之人才能仰首品尝。而凡人若想羽化登仙，与仙人为伴，怕是要几百年的修行了。

不多时，店小二端着已经备好的笔墨纸砚走了进来。他听店老板说过，这位住到店里的书生是一位才华横溢的诗人，这些年走南闯北已经有了不小的名气。店老板虽是开客栈的，平日里也爱附庸风雅，对李白的大名早已略有所闻，是以嘱咐店小二好生伺候着。店小二没什么文化，自然不懂得这些大诗人的想法，不明白为什么病了也不愿安心养病，还要动笔动墨。尽管此刻他们近在咫尺，但他们终究是两个世界的人，彼此都不能体会对方的世界，也无法理解对方的行为，对方的生活。

店小二退出去后，李白坐在桌前，将笔提起，略微思忖一番，便下笔写起来。他并非是有了新的灵感，而是要写给他的那些友人。此时他独自一人孤身在外，内心觉得无比落寞。在他的旅程中，也时常有他一人独行之时，但那时他起码有山水做伴，起码有惬意情怀，起码还可随时找寻知交好友一同饮酒，而此刻，他真的是寸步难行了。大夫曾经嘱咐过，养病期间绝对不可以饮酒，这对嗜酒如命的李白来说，简直就是酷刑了。偏偏在这样的时候，亲友们又都不在身边，此时他除了写些书信来纾解心中苦恼，别无他法。

于是他提笔写下了《淮南卧病书怀寄蜀中赵征君蕤》。“吴会一浮云，飘如远行客。功业莫从就，岁光屡奔迫。良图俄弃捐，衰疾乃绵剧。古琴藏虚匣，长剑挂空壁。楚冠怀钟仪，越吟比庄舄。国门遥天外，乡路远山隔。朝忆相如台，夜梦子云宅。旅情初结缉，秋气方寂历。风入松下清，露出草间白。故人不可见，幽梦谁与适。寄书西飞鸿，赠尔慰离析。”

李白给人的感觉总是癫狂潇洒的，在大多数人的心中，李白更是平面的，就像是一幅谪仙图。但人终究不是一幅画，真正的李白必然是立体的，他不可能永远都那样欢快，那样潇洒不羁。他正当盛年，没有哪个年轻人会甘心如此漂浮。在李白的诸多作品中，类似《淮南卧病书怀寄蜀中赵征君蕤》这样内容的并不多，但也就是这样的作品，才能让我们看到一个更加立体、更加丰满的李白。

“吴会一浮云，飘如远行客。”卧病中的李白感觉自己就如同浮云一般，无根无依，四处远行。对其他人来说，这本就是令人困苦的，但从李白口中说出这样的话却很令人惊讶，因为李白最惬意的事就是四处漂游。也许是病痛激发出了他心中最原始脆弱的情感，触动了他的心弦吧。人在脆弱的时候，总是最接近内心的。李白固然潇洒不羁，但他也不是无欲无求。年轻人多少都会对功名有些渴求，只是李白的傲气又使得他不愿走科举之路。好在他真的才华横溢，才能承担起这份傲气，若这份傲气放在一个一般书生的身上，他必定是要郁郁而终的。

李白此刻虽算不上郁郁，但也十分烦闷，所以才写下“功业莫从就，岁光屡奔迫”这样的句子。而“良图俄弃捐，衰疾乃绵剧”更让他烦闷非常。他觉得自己非但没有获得成就，身体的疾病还越来越重了。其实这更是病中之人对病痛的无意识放大。人们在舒服的时候也许感觉不到有多舒服，但一旦难受起来，就会把实际情况放大许多倍。对于一个急于摆脱病痛的人来说，更是如此。李白只觉得“古琴藏虚匣，长剑挂空壁”，他纵然有一身才学，却无从施展，这也是他烦闷的根源。

对于李白，许多人对他的“举杯邀明月”，对他的“我本楚狂人”更加熟悉，而他的“古琴藏虚匣”的苦恼则鲜为人知。其实这也未必不是一件好事，因为对大多数人来说，李白更是一种符号，一种追求。人们心中的李白只是他们自己的信仰，而并非是李白这个活生生的人。其实李白也是有宝马无人识的烦闷，也是有“楚冠怀钟仪，越吟比庄舄”的思乡情怀的。

病在他乡的人总是容易在心中涌起一阵别样乡愁。往日里游遍山水的豪气，此时也变成了“国门遥天外，乡路远山隔”的苦楚了。在淮南期间，他每日里想的思的念的，尽是家乡的一草一木，一情一景。其时已经入秋，正是秋愁泛滥的日子。“风入松下清，露出草间白”，映入眼帘的一切景象都是那样引人落寞，惹人伤怀。而孤身一人的李白，此时此刻，也只有给友人写下这封书信，来纾解心中的别愁了。

事实上，李白此次心中的抑郁，除却这一场大病，还有一个原因。那就是他这一次真正看到了世态的炎凉。李白的出游一直以来都是抱着行侠仗义的目的的，他希望自己能成为一代大侠，能结交到五湖四海的好友，帮助很多需要帮助的人。他也的确这样做了，在这之前，他几乎是散尽千金，将自己的金钱全都拿出来用以帮助朋友。然而，一场大病将他击倒，之前围绕在他身边的朋友却全都不见了。这些势利之徒，他们结交李白从来都是抱着不洁的目的的。这让李白意识到，哪怕散尽千金也结交不到一颗真心，真正的朋友却从来不是可以用金钱结交得到的。

所以这场病，说是坏事，也是好事，至少让李白吃一堑，长一智，让他明白了之前行侠仗义的想法有多简单。他自然不会放弃自己的侠义心肠，但他已经不会再被人当作傻瓜，供人占便宜了。

人生得意须尽欢

钟鼓馔玉不足贵，但愿长醉不复醒。

古来圣贤皆寂寞，惟有饮者留其名。

——李白《将进酒》

病好之后，李白便离开淮南，前往会稽，也就是今日的绍兴。那又是一个风景优美让人流连忘返的地方。他先后游访了会稽山、镜湖、天姥山、兰亭、东山等一系列名山名景。在那里游玩期间，他留下了近百首诗。在荆门停留大概三个月后，他回到了洞庭湖，打算将吴指南的尸骨移葬到江夏去。他一直未曾忘记吴指南，在他的心中，这位好友的离世始终是最大的遗憾。当初因环境不便，他不能将好友厚葬，当时他便已下定决心他日再为好友厚葬。这一次移墓，算是完成了他的心愿。

李白将吴指南的尸骸移到江夏葬好之后，又在江夏逗留了许多日子。在这些日子里，他很幸运地结识了当地的一位高僧，法号行融。也许李白当真是谪仙吧，不然他为何总能与道人高僧等结交？他虽身在凡尘，心却总是超脱尘外的。

铜钟古寺大多隐在山中，那里因青山树木而与世隔绝，是常人不会去的地方。在这样的地方，若是有一只长寿的飞虫，它定能时常听到最富禅理的人生哲学。若是这飞虫能活上几百年，必然也能羽化登仙了。可惜尘世中的人往往过于在意蝇头微利，无心向道，若是人人都能审视内心，时常清静，那么人世间将会到处充满着大智慧。

行融是有着大智慧的。在江夏的日子里，李白时常与其攀谈，探讨人生的深意与尘世的意义。僧人因无欲无求，所以看问题总会更加透彻。在他那里，李白悟到了许多，并再度激发了他的诗人情怀。他心中感念，写下一首《赠僧行融》："梁有汤惠休，常从鲍照游。峨眉史怀一，独映陈公出。卓绝二道人，结交凤与麟。行融亦俊发，吾知有英骨。海若不隐珠，骊龙吐明月。大海乘虚舟，随波任安流。赋诗旃檀阁，纵酒鹦鹉洲。待我适东越，相携上白楼。"

在行融那里，李白得知了隐居在鹿门山的孟浩然。其实在这之前，他对孟浩然已经早有耳闻，只是始终无缘得见。恰好行融与孟浩然有一段交情，这便促成了李白与孟浩然的结识。

孟浩然比李白大了十多岁，始终在鹿门山过着隐居的生活，与许多盛唐时期的隐士一样，他在隐居期间写下了许多作品。尽管他过着隐居的日子，他的名声却早已扬在远方。有趣的是，当时许多诗人都是这样，先出名，后入仕。也许是因为那时当真是盛世吧，在盛世之时，文化往往会达到鼎盛，文人也会十分好过。

在行融的促成下，李白与孟浩然，这两个当世红极一时的诗人终于碰了面。他们简直就是一见如故。孟浩然也是一个性情中人，虽然他每日里也是纵情诗酒，但心中始终有一颗报国之心，希望能够"忠欲事明主"。这更与李白此时的心境不谋而合。

事实上，在与李白见面之前，孟浩然去过一次长安。当时是采访使韩朝宗来到江夏，他早闻孟浩然的大名，来到江夏与孟浩然相见。他与孟浩然畅谈许久，十分爱惜孟浩然的才华，更感念他的忠君报国之心，并与他约下日子，在长安再次相会。那时，他将举荐孟浩然入朝为官。韩朝宗是惜才爱才之人，他素来喜爱举荐良才入朝，这对孟浩然来说无疑是非常好的机会。

孟浩然当然不愿错过这个机会，在约定的日子里，他如约来到了长安。长安之地繁花似锦，街道人群熙熙攘攘，到处都是幸福生活的百姓。那是中国历史上最好的时期之一，那是一个没有困苦没有战争的时代，朝廷公正用贤，百姓安居乐业。孟浩然心有所感，他想起自己一位身在长安的友人，此时还没到与韩朝宗约定的时间，他决定先去拜访友人。

老友相见自然分外开心。友人将家中最好的酒端了出来，与孟浩然开怀畅饮，彼此讲述着各自近些年来的境遇。文人多爱酒，他们喝起来就开始不顾一切，越喝越痛快，越喝越忘情。友人尚记得孟浩然来长安是与韩朝宗相会的，他提醒孟浩然，约会的时间快到了，不应该再喝了。孟浩然却在饮下一杯酒后，豪爽说道："酒已经喝起来了，你我还要管别的吗？"友人知道好友秉性，便不再相劝。

这些嗜酒的文人说可爱是很可爱的，说可恨也是很可恨的。他们喝起酒时，也许会写出许多曼妙的文章，也许会说出许多豪言壮语，但同样，当他们喝起酒，就什么事也无法让他们停下来了。哪怕天塌了，哪怕战火四起，他们也要先大醉一场。正所谓"人生得意须尽欢，莫使金樽空对月"，为了其他事而放弃一壶好酒，在他们看来是很傻很不值的。就算是死，也必要做一个醉死的仙人。

但韩朝宗却不会爱酒如命，他爱的是才，爱的是能将朝廷之事当作己事的忠君良才，他要向皇帝举荐的并不是一个酒鬼。所以，当孟浩然迟到许久，醉醺醺地来到韩朝宗府上的时候，他吃到的只有一个闭门羹。韩家的看门人告诉他，老爷吩咐了，让孟浩然离开长安，老爷不会再见他一面，不会再向皇帝提起他一个字，就当从来都未曾见过他。

这次长安之行就这样结束在一身酒气中。孟浩然的仕途被他自己葬送在了酒坛子里。如果是普通人，他一定沮丧得要命，悔恨得要命了。然而孟浩然却只是挥手笑笑，转身离开长安，回到了他一直以来隐居的鹿门山。

孟浩然固然在意自己的仕途，他固然很希望能够入朝效力，但这个愿望并不能与他对酒的热爱相比。在仕途与美酒中，他只会选择后者。在旁人看来，孟浩然的这次长安之行是空欢喜一场，但在他看来却非如此，他收获了最美的酒，这就十分值得了。

就是这样的孟浩然，才让李白一见如故。不论是对入朝的渴望，还是对酒的嗜好，他们都如此相似。李白当下便写下一首诗赠与孟浩然："吾爱孟夫子，风流天下闻。红颜弃轩冕，白首卧松云。醉月频中圣，迷花不事君。高山安可仰，徒此揖清芬。"李白赞美别人的时候并不多，他只有遇到真心欣赏的人才会发出由衷的赞美。孟浩然与李白就如同是伯牙和子期，一见相知，再见难舍。

与孟浩然同游的时期，大概是李白大病之后最为畅快的时候了。行融固然使李白获得了心灵上的宁静，但只有孟浩然才能让他肆意抒怀，才能将他心上的尘土一扫而尽。与孟浩然把酒言欢，畅谈天下大事，彼此交流各自奇遇的过程，就宛若云上神仙一般，世上没有比这更加美妙的事情了。

然而美好的光景总是不长，欢聚的时光不论多么美妙也终要结束。孟浩然不久后就要离开去往扬州了，那时便是他们分离之刻。李白的一生大都在路上，他所经过的地方，总能收获许多朋友，当他离开，后面也尽是目送他的依依不舍的目光。然而这一次，他却必须要做那个送行的人了。而这两位伟大的诗人，两位同样嗜酒如命的性情中人，在分离之前，自然也要畅饮一回。

那一日风有些冷，李白率先来到黄鹤楼，他带上了足够的酒，登上楼顶，然后一边望着长江一边等待孟浩然的到来。风将他的头发吹得有些乱了，他并不在意这些，站在黄鹤楼上，望远天之景，他的心中有种说不出的畅快，他觉得自己的胸怀忽然变得很大，仿佛能装下整个天地了。世界这样大，天地这样壮美，人的一点小愁闷又算得了什么呢？纠结于自身郁结的人与这天这地比起来，简直是太过可笑了。

过了一会儿，孟浩然也来到了楼顶，他自然也带了足够的酒。两人相视一笑，那是一种只有知己之间才会有的默契。这是一场最不像离别的离别，他们都没有伤感，更没有依依不舍，他们只是如往常一样，举起酒杯，敬着自己，敬着彼此，敬着黄鹤楼，也敬着天地。他们交谈的内容也不是对彼此的嘱咐，而是对这天地，对这世界的赞美和感叹。

酒一杯又一杯落肚，他们却都不觉得醉，只觉得越喝越清醒，越喝越快活。偶有经过的旁人，见他们如此，都觉讶异，那真是只有那个年代的年轻人才会有的风貌。也许只有在盛唐，才会产出这样不顾一切的诗人，这样豪情壮志的潇洒。李白是很爱魏晋之风的，在盛唐，热爱魏晋之风的人也不止他一个。有趣的是，魏晋与盛唐相比完全是两个极端，一个是极端破败，一个是极端繁华。也许正是物极必反的道理吧，看似完全相悖完全矛盾的两个个体，反而可能有许多共通之处。

当酒尽时，也就是离别之刻了。他们这样的人自然不会相拥而泣，也不会恋恋不舍。他们下了黄鹤楼，来到江边，那里有着早已备好的小船。他们笑着说着分别的话，相聚已是美妙，离别何须伤怀？然而，当孟浩然登上船，当船越行越远，立在江边的李白忽然心有所感，念出一首《黄鹤楼送孟浩然之广陵》：“故人西辞黄鹤楼，烟花三月下扬州。孤帆远影碧空尽，唯见长江天际流。”

看似潇洒的诗人，心中仍是有不舍的。但他不会说出他的不舍，他只是那样望着孟浩然远去的小船，望着小船渐渐隐没在天水之间，然后望着奔流不返的长江。他就这么望着，一言不发，一动不动。多日来相谈甚欢的好友，就这样再也见不到，去往长江的那头了。他们刚刚还在黄鹤楼上饮酒畅谈，而此刻，在这江边就仅剩他一人吹着江风，望着江水了。此时的心情不是离愁，更胜离愁。

玉京迢迢几千里

问余何意栖碧山，笑而不答心自闲。

桃花流水窅然去，别有天地非人间。

——李白《山中问答》

也许是与孟浩然的相处让李白的心境有所改变，也许是与行融的谈话让李白悟出了一些道理，总之他的漫长的浪子行侠生涯，终于要暂时结束了。这里虽然不会是他的终点，但最起码是一个驿站。不论如何，他在安陆的北寿山居住了下来，停下了四处漂泊的脚步。他这一停，就是十年。许多年后，人们提及李白的这一时期的时候，往往会用“酒隐安陆”这四个字来形容。

这大概是李白一生中最为积极地为仕途奔波的十年了。他不再云游四方，不再抱着走行侠之路的思想，他开始真正地像每一个读书人那样，四处游说结交官吏，以求铺平他走向朝廷之路。对李白的这一时期，很多人并不知晓，人们知道的是李白才惊当世，知道的是皇帝赏识他，让高力士为他脱靴，知道的是他永远肆意永远潇洒。殊不知，为了走进长安，他也曾付出过许多的努力。

当年在蜀中，他曾经跟随赵瑕研习过纵横之术。所谓纵横之术自然就是游说之法。这在春秋战国时期十分有用，一个能够舌灿莲花的人甚至有着拯救一国的可能。而在太平盛世，一个拥有纵横之术的人，也能把自己的仕途道路铺得更加平坦。李白是一个天才，这世上几乎没有他办不成的事。在当时，许多人都被他的口才征服，他的口才帮助他赢得了许多当地官吏的赏识。

对于他的口才，崔宗之曾经这样形容：“清论既抵掌，玄谈又绝倒。分明楚汉事，历历王霸道。”李白本就才华横溢，加上他自身努力四处游说，使得他在当地的名气越来越大。很多人虽未见过他的面，但也都对他早有耳闻。当然，不论李白多么努力要进入朝廷，对他来说，酒仍旧是不可少的佳物。

这一日，春风宜人，柳条扬枝，那是一年中最让人舒服的季节，在这样的日子里，最适合饮酒。李白带着几坛心爱的好酒，来到了元丹丘的居处。元丹丘自然知道他所欲何为，大笑迎接。好友相见自然不必寒暄，他们开始一边感叹着早春美景，一边开怀畅饮。

酒这东西说好是极好的，说坏也是很糟糕的。饮酒能助兴，能让人抒怀，能给人动力，但也能让人醉。人一旦醉了，就容易做些出人意料的事，有些是坏事，有些是蠢事，有些是傻事。也许是春风太美，也许是元丹丘的酒太香，李白竟然渐渐地有些醉了。他醉的时候并不多，一般只有他心情特别好，特别放松的时候才会醉。

元丹丘意欲让李白留下醒酒，但李白却笑着推开了他，只目光迷离道：“听闻远处有桃花盛开，你我前去观赏如何？”元丹丘无奈叹气，他对这位好友的性子实在是太了解了。有人醉了喜爱大睡一场，有人醉了喜爱不停讲话，也有人醉了喜爱发疯发癫，只有这李白，他一醉，便想去看风景。或许是因为景不醉人人自醉吧。元丹丘知道李白是不听劝的，他只好点头陪他出门去看桃花。

春季真是适合喝醉的人出门，因为只有在这个季节里，不论你醉成什么样子，都不会觉得冷，也不会觉得烦躁。李白似乎觉得光是这样还不尽兴，他出门前又带了一坛酒，边走边喝。他的脚步有些踉跄，在外人看来他的身体晃动得很厉害，但在他看来，却是这个世界在晃动，晃动得很糟糕。当真是有趣，这世界东摇西晃，好像要把地面翻到天上了。

忽闻一声“太白当心”，接着是几声马的嘶叫，李白发觉自己似乎撞到了什么，又似乎被什么踢到了。他定睛一看，发现自己正站在一辆马车前，那车前的两匹马尚是惊魂未定。元丹丘赶快拉过他，低声道：“说了几遍让你小心，到底闯祸了。”李白却笑问：“闯祸，是闯了谁家的祸？”

这时又闻马车内有人呼道：“何人拦我马车？”这马车虽然并非豪华大车，但从马车上的装饰和马身上的配饰可以看出，马车的主人并非平常百姓。元丹丘不敢怠慢，忙说道：“是我家太白醉酒误事，还望大人海涵。”“太白？”这时马车内的人掀开车帘，是一个气质儒雅的先生，他看了看元丹丘，又看了看醉得七荤八素的李白，问道：“可是那闻名当地的李太白？”元丹丘只好回答：“正是。”那人竟不生气，微笑点头道：“很好，很好，有趣有趣。”接着他放下车帘，嘱咐车夫继续驾马。此时那两匹马已经镇定下来，便继续赶路。

一直到他们走远，元丹丘才算松了口气。他低声对李白说：“我见过此人，他是都督府长史李京之，看样子他非但没有生你的气，还对你很感兴趣。待你酒醒后，你我真当好好拜会此人。”李白却没有理会他说的话，只笑道：“去看桃花要紧，哈哈！”元丹丘笑着摇头，尽管他与李白是至交好友，但对于李白的洒脱，他真的是永远都无法企及。

那之后，元丹丘托人为李京之送去许多封信，信中既表达了当日撞到马车的歉意，又表达了他与李白二人的理想抱负。果然不久后，李京之派人告诉李白与元丹丘他打算接见他们。这对他们来说无疑是非常好的机会，他们十分高兴地如约前往。当时接见他们的，还有安州都督马正会。见面之后，经过一番交谈，再加上李京之不断为马正会推荐李白的文章，让马正会对李白十分欣赏。他说：“诸人之文，犹山无烟霞，春无草树；李白之文，清雄奔放，名章俊语，络绎间起，光明洞彻，句句动人。”这无疑是极高的评价了。

经过这一次，李白在安陆的知名度再度提高。在当时的安陆，有一个姓许的大户人家，许家的老爷子曾经是高宗时期的宰相。如今赋闲在家，但这仍无法改变许家是名门望族的事实。当时，许家有一个正值妙龄的待嫁孙女，这事当地很多人都知道，一些无聊的人还会经常讨论，猜测许家会将孙女嫁给怎样的人家。

作为安陆当地的名门，自然少不了与都督马正会的结交。马正会一见李白便极其赏识，心中也有了撮合之意。他经常向许家老爷子提及李白的事迹，极力赞美李白的才学。许家本就对李白早有耳闻，再加上马正会的撮合，心中已经有了定论。于是许家放下身段，派人送书信给李白，提出联姻的期望。若是几年前的李白，可能根本不会理会这样的书信。但当时的他已经收起心性，一心向官，因此他直接应下了这门亲事。

李白的爱情在文学史上似乎是空白的。研究李白的人对他的爱情故事基本是毫不关心，人们更在意李白与孟浩然，与贺知章，与杜甫等人的友情。李白的作品中，也很少提及与爱情有关的内容。他爱名山大川，爱那些至交好友，对女人却是几乎无视的。也许是他的爱太大，让女人的位置显得微不足道，又也许是他的爱太满，已经没有女人的位置了。但不论他爱或不爱，他到底是娶了许家的孙女。许家也许曾经显赫一时，但真正让这个家族载入史册的，倒只是这段著名的联姻了。

这段婚姻对许家也好，对李白也好，都算是求仁得仁了。然而，尽管李白娶到了宰相的孙女，他的仕途却并没有因此变得一帆风顺。对他颇为赏识的马正会和李京之不久后就被调走了，一位姓裴的官员接任了安州都督府长史。这位裴长史与李京之不同，他的见识与才学远不如李京之，因此他的眼光也就不如李京之。在李京之的眼中，李白是当世良才，但在裴长史的眼中却并非如此。尽管李白不断努力与他交好，但他仍是听信身边小人谗言，对李白不加理睬。

人生何其无奈。当他顺时，哪怕撞了人家的马车，人家也对他另眼相看；当他逆时，哪怕他是宰相的孙女婿，人家也对他毫不在意。李白为此专门写了

《上安州裴长史书》，尽数自己的冤屈和无奈，期望裴长史能给他一个机会，让他当面陈述，解除裴长史对他的误解。然而尽管他文笔超绝，却未能打动裴长史的心。他在安陆的政治生涯，也因为裴长史的不能识才而告终。

不死心的李白仍旧四处奔走，在结交了更多的官吏与权贵家的公子之后，李白决定去拜访荆州长史韩朝宗。韩朝宗算是他的最后一线希望了，李白知道此人爱才惜才，乐意荐才，若能得此人赏识，李白入朝便有希望。谁知道，有趣的是，韩朝宗根本不见他，不论如何都不见他。

韩朝宗也是人，他也有自己的脆弱，有自己的在乎。当年孟浩然一事算是彻底伤了他的心。从那之后，他誓不与酒鬼为伍，哪怕这人才华再高，也坚决不见。所以，说李白的仕途是被孟浩然耽误了，也没什么错。当然，李白自然不会去责怪孟浩然，事实上，就算换作是他，他也会选择因醉酒而耽误约会。尽管如此，失去最后一线希望的李白还是陷入了苦闷之中。

李白与夫人许氏并未居住在许家，而是在附近的白兆山的桃花岩居住。在那里，他总能看到桃花盛放的景色。有佳人相伴，又有美景在前，这对许多人来说已经是人间极乐了，但李白心中却充满了困苦。一想到政治之路的艰难，他就难解郁结。酒对他来说，曾经是助兴之物，而在那些年，他也和许多凡俗人一样，将酒当作迷醉之物了。只有醉时，他才能忘记自己的困境，才能不去想那前途渺茫的仕途。

可李白并非是一个逃避现实的人，他不会永远都用酒精麻醉自己。他不会满足于眼前的舒适，他本就是个喜欢给自己找不舒服的人。家乡风景幽雅，他却要四处游历，安陆可以安身，他却再难久居下去。哪怕妻子再贤惠，哪怕桃花再醉人，他都不愿继续停留了。在安陆，他停留了十年，十年之后，他将再度踏上旅程，为入朝做官而继续奔波。

第二章

长安白日照春空

昔在长安醉花柳

何处可为别，长安青绮门。

胡姬招素手，延客醉金樽。

——李白《送裴十八图南归嵩山二首》

那一日桃花正盛，清风微凉，吹拂在人的脸上，沁人心脾。正是清晨，朝露还未淡去，远处传来几声鸟叫虫鸣，仿佛在提醒人们新的一天的到来。红漆青石的亭子里，李白饮下了最后一口酒。在这里，他的妻子，他的好友，正在为他送行。十年安陆生涯终于要结束了，满心抱负的李白将踏上前往长安的道路。安陆虽美，却不是他心灵的归宿。长安，只有长安，才是他的前世乡愁。

元丹丘饮下一口酒，笑问："真要离开娇妻，离开这片桃花源？"李白笑道："安逸一生非我所愿。"元丹丘点头。许氏将李白的衣领紧了紧，柔声道："天寒路远，注意身体。"李白轻轻点头。他知道，他的离开，最最辜负的人便是妻子了。然而人生在世，为了追求理想就总要有所舍弃。他只盼有朝一日飞黄腾达之时，再尽心报答妻子。

酒尽了，人也该走了。他背起行囊，只身一人踏上前路，将单薄的背影留给了妻子与好友。他又在路上了，又要开启他的行路人生了。此时的他已是而立之年，再不是当初的年少轻狂的小伙子。他总要负起责任，为自己的人生，为理想，也为爱他关心他的人。他的步伐轻快，但心中却有着些许沉重。前路渺茫，等待着他的不知会是什么。不论是什么，他都会积极努力，至少他相信自己的才华，至少他知道天生我材必有用。

从安陆到长安，李白风尘仆仆。这是他第一次去长安，他还从来没有去过长安，但对长安已经有了一种难以名状的相思之情。也许是因为那里承载了他太多的理想和追求吧。一想到长安，他的心情便难以平静。他是那样渴望可以在长安大显身手，可以从此扬名于长安。他的诗文固然已经使他扬名天下，但那并非是他真正想要的，他的理想始终是入朝为官。或者说，这也是当时许多文人的理想。

在当时，李白已经是一个十分超脱的人了。但他毕竟还是一个凡人，他还是做不到完全放弃名利，放弃追求仕途。若他可以，他也就真的羽化登仙了。好在他虽然一心入朝，但那骨子里的傲气却从未减少过。不论他多么想做官，也无人能夺下他手中的酒壶，无人能让他低下自己的头。很多文人为了做官而放弃了自己的风骨，但李白不会，他永远不会，正因为他不会，所以他的仕途绝不可能一帆风顺。

李白写过一首诗，叫作《长相思》:“长相思，在长安。络纬秋啼金井阑，微霜凄凄簟色寒。孤灯不明思欲绝，卷帷望月空长叹，美人如花隔云端。上有青冥之长天，下有渌水之波澜。天长路远魂飞苦，梦魂不到关山难。长相思，摧心肝。”

这诗看起来似乎是在讲一个凄美的爱情故事，但仔细想来，如李白这般对爱情总是似乎缺一窍的人，又怎会用心去写一篇关于爱情的诗呢？李白的恋爱始终是寄予朝廷的。所谓“长相思，在长安”，更多的是表达李白对长安的倾慕之意。只有长安才是他的政治归途。“络纬秋啼金井阑，微霜凄凄簟色寒”，人们往往触景伤情，作为诗人更是如此，当看到凄凄的微霜时，想到自己不得志的处境，诗人难免难过郁结。

李白对长安的相思已经有十几年了。他倾慕着长安，倾慕着这个绝色美人。对很多人来说，长安都是一个高高在上的绝美佳人。人们看着她欢欣独舞，却很难碰到她的一缕长纱。她就那么舞着，谁也不理，谁也不睬，但是人们仍然对她趋之若鹜。李白也同样在追逐着，但他不会如凡夫俗子那样露着贪婪的目光拼命地向前挤，他总是优雅的，不论是相思，还是追逐，都是踏着优雅的步伐，不论多么倾慕，都不会乱了自己的方寸。

“孤灯不明思欲绝，卷帷望月空长叹。”求而不得的诗人只有望着夜空之月而长声叹息。明月当真是李白最好的伙伴，当他饮酒时，可以与之“对影成三人”，当他思乡时，可以“举头望明月”，而当他愁闷时，又可以“望月空长叹”。若李白心中真有一个永远的恋人，那或许只能是天上之月了。可惜月有阴晴圆缺，且高挂广寒，它永远不会从天空上飘然而下与诗人做伴，就如同那如花的美人，永远都挂在云端之上，所以李白的心中也必然要留下一处不可填补的遗憾。

这一场长相思，当真是摧人心肝。李白已经相思了十几年，他不会再继续单恋下去，这一次，他会主动前往，与这梦中的长安城谈一场轰轰烈烈的恋爱。同尘世间的所有苦恋一样，刚开始的过程总是充满艰难和困苦的。

李白沾满尘土的双足踏上长安之地的时候，他终于见到了相思多年的“美人”。那是盛唐时代的宝地，繁华的街市上，人们的脸上总是挂着幸福的笑容。在安陆，李白行过之地总会有人偷偷相看，并纷纷私语，他是当地名人，自然是备受关注的，但长安却不同。在长安之地，李白就如同一个透明的人，没有人会在意他，没有人会多看他一眼。这个地方有着太多的才子佳人，李白这样的书生根本是微不足道的。

长安正如李白所想的那样，迷人华美，并高高在上。风尘仆仆的李白在长安的面前竟是显得暗淡无光了。李白先是找了间客栈住下，经过一夜的洗尘，第二日，他终于能以本来的风采来面对长安了。但这也没有多大区别，长安仍然是对他不理不睬的。当他经过那些宫殿和那些华丽的府邸时，他一边为那富丽堂皇的景象而惊奇，一边又为自己的格格不入而苦恼。满街都是身着朝服的长安官员，从他们的身边经过时，一代才子李白也变得微不足道了。

这就是长安，他的梦中情人，在此时，他却只是情人眼中的一粒灰尘。灰尘要得到心上人的青睐那简直就是妄想。一直以来不论走到哪里都会成为中心人物的李白，终于有了不被人重视的挫败感。但李白终究是李白，他不会选择谄媚地去讨好，去迎合喜好。他选择的是退出了长安之地，来到长安附近的终南山隐居，他要等自己的心上人为他的光芒所折服，亲自前来寻他。

在盛唐时代，终南山也是一个传奇之所。如果说长安是一个高贵优雅的美女，那么终南山就是一个清淡风雅的书生。传说，在唐朝初年，有一个名叫卢藏用的书生，他离开家乡远赴长安，期望能通过科举为自己谋得一官半职。谁知天不从人愿，他如当时的许多书生一样，名落孙山。离家时，他曾经立下豪言壮语，誓要考取功名，而今落榜，他自是无颜归家。别无他法的卢藏用最终选择隐居在终南山，在那里，他下定决心发奋读书，期望下次科举能够顺利及第。

幸运的是，卢藏用生在了盛唐，这个有着明君与顺民的时代。他还未等到下次科举，他的名就传到武后的耳中。武后将他召进朝廷，经过一番交谈，发觉他果然是当世良才，当下武后便许他高官，让他未经科举直接入朝。卢藏用感激武后赏识，用心辅佐，最后官至尚书右丞。这件事被传为一时佳话，一方面让世人知道了武后的开明之举，另一方面又给了那些落榜书生以希望。那是一个真正的靠科举可以为官、不靠科举也能成功的时代。

到睿宗之时，一日司马承祯奉诏入京，辞京时，卢藏用送他还乡，经过终南山，卢藏用有些得意，他指着山对司马承祯说道："此中大有嘉处。"司马承祯是何等聪明的人物，他自然知道卢藏用所指为何。他笑道："以仆视之，仕宦之捷径耳。"说完，两人相视大笑。当然，真正的嘉处，真正的捷径，并非是这不语不动的终南山，而是那个开明的时代。

从那之后，终南山就成了许多书生的隐居之所。其中有落榜不得志的人，也有一开始就不愿走科举之途的人。盛世出傲骨，科举这一压制文人心性的制度本就被许多书生诟病，自诩高才的人都不愿走这条受人摆布的进官之路。李白正是其中之一，与其他人不同的是，他并非自不量力，他真的是有惊世之才。

我欲攀龙见明主

有耳莫洗颍川水，有口莫食首阳蕨。

含光混世贵无名，何用孤高比云月。

——李白《行路难三首》

在终南山的日子里，李白名为隐居，实为为自己的仕途铺路。李白是一个喜欢交朋友的人，在长安这样的宝地上，他自然免不了要多结交些好友。他凭借自己的诗文才学以及出类拔萃的口才，在长安结交了许多文人雅士和王孙公子。大家都很喜欢与李白为伍，李白就宛若清风一般，与他交谈之时，能让人忘记一切烦恼。

很快，李白结识了崔宗之、张垍、张琢等长安名流。崔宗之乃是睿宗时期的宰相崔日用的公子，当时他正供职尚书省。他虽身在高位，却从不自以为是，他喜爱一切有才华之人。见到李白之时，他简直是欣喜若狂。李白的诗文与口才全都让崔宗之赞叹不已。

崔宗之对李白来说，或许只是他人生中的一个匆匆过客，但李白对崔宗之来说，却是一枚终身难忘的瑰宝。与李白交往的日子或许是他一生中最为快活的时光。他时常摆下酒宴，邀李白去他的家中饮酒吟诗畅谈。在当时的雅士圈子里，李白简直就是一个万人迷。崔宗之迷恋于李白，忘情到甚至愿意抛下功名利禄，提出愿与李白携手去嵩山隐居。

可惜落花有意流水无情，李白此行长安并非为了找到一个知己隐居，他终究是以皇城为目标的。对于崔宗之的好意，他只能婉言拒绝。其实崔宗之也料到结局会是如此。毕竟李白这样的瑰宝，又怎可能甘心居于他的身边呢？他一开始提出要求之时就没有抱太大希望，之所以提了出来，终究只是为了让自己死心而已。尽管如此，当听到李白亲口说出拒绝的话语时，他的心中仍是止不住地遗憾和难过。李白从来就不会属于任何一个人，他是深处云端的，也许此刻正在你的头顶停留，但很快就会飘往远方，让你再也寻不着踪影了。若是你有心将其留下，则只会让这团浮云飘得更远，散得更快。

于是崔宗之只有苦笑，他只希望，当李白还在长安附近的时候，能与他多几次聚会，多看上几眼，多听几次他的高谈阔论，多读几次那些让人唇齿生香的诗篇。

除崔宗之，李白与张垍兄弟同样十分交好。张垍兄弟是当朝宰相张说的公子。李白来到长安，首先便是想尽办法拜会张说。好在他交友甚广，愿意为他引荐的人很多。终于在一日，李白来到了张说的府上。当时张说正卧病在床，他见到李白十分欣赏，但也仅限于此了，毕竟，身体的顽疾让他已经无力上朝，虽身为宰相，也无甚大用。

张府之行让李白结识了张家两位公子，两位公子对李白的名头早有耳闻，知道李白是当时长安城里文人雅士都想结交的对象。如今李白亲自来到府上，此等机会他们自然不会错过。只不过与崔宗之不同的是，他们与李白结交，并非真心爱惜其才，更多的只是附庸风雅，迎合流行。其实别说欣赏，张垍对李白甚至是有些嫉妒的。毕竟，万人迷这种存在，有人迷，就有人恨。正因如此，李白对他们能帮助引荐入朝的希望算是遥遥无期的。

世事就是这样难料。尽管李白成为了长安的万人迷，尽管他屡次结交宰相身边的人物，但通往入朝的最后一步总是迈不出去。或许是时机未到，或许是上天捉弄，也或许是他天生就不是应当入朝的人吧。

一次又一次的失败并没有击垮李白的信心，他听闻当朝玉真公主正隐居在终南山。玉真公主也是一个风雅佳人，若能得她赏识，也是一条入朝之路。李白抱着试一试的心理，只身前往玉真公主的住处去拜访。在这之前，他听闻玉真公主已经出游去华山了，但他还是抱着一线希望，希望能在那里等到玉真公主归来。他甚至已经想好要怎样说，怎样向公主自荐了。结果他没有等来公主，却等来了多年不遇的山洪。人在不顺的时候，真的是任何倒霉事都会碰上。山洪来势汹汹，直接封断了李白下山的路。这下别说入朝，就是要离山都难上加难了。

天色变暗，太阳悠闲地落到西边去，明月如同身着白衣的舞者跃上东天。夜幕降临，天空银河星斗，闪烁的星星仿佛一只只讽刺的眼睛，就那样看着李白，好像在问："李太白啊李太白，你自诩才高八斗，自诩天生我材，可是你来到长安这么久，你的抱负在哪里呢？你的前途在哪里呢？你离家之前信誓旦旦会实现的理想又在哪里呢？看看你现在吧，单衣单衫，还饿着肚子，若是几日之后仍无法下山，你的生命可能就要在此结束了。就算你再怎样高傲，再怎样潇洒，也改不了此刻狼狈的命运。"

李白心中悲苦，他靠在玉真公主住处的门柱上，想自己一直以来为了入朝奔波，如果当初他选择科举，会不会更容易些？从一开始，他就选择了一条并不好走的路，他料到这条路会无比艰难，却未曾料到这条路可能根本就行不通。

那是李白度过的最难熬的一夜，寒冷、饥饿侵袭着他。他再没有了浪漫潇洒的心思，再没有了举杯邀明月的惬意，他只是深深地不甘，他不甘啊！如果生命真的在此地了结，那么过去那十几年他所做的所求的又算是什么呢？努力了那么久，最后一无所成，那么那些努力又算是什么呢？当初夸下的海口又算是什么呢？不过是一场笑话，一段讽刺的寓言。

带着这样绝望的心思，他就这么睡着了。睡梦中，他望着天上的繁星，那些繁星渐渐都化为人脸，那些都是他曾经结交过的好友，有些是为了他散的财，有些是与他志同道合的伙伴，有些是曾经劝他不要太钟情于仕途的朋友，也有些是希望将他留下的对他情深的知己。如今他们都是同一个表情，他们讥讽地看着李白，看着他的失败。而李白竟然无力辩解。他并非慵懒之人，他努力过，执着过，最终会得到这样的结果难道真是他的错吗？

第二日，一滴落到他鼻尖的露水将他从睡梦中唤醒。睁开眼，他看到阳光灿烂，地上刚刚冒头的新绿努力向上生长，甚至石缝中的虫儿，都在辛勤地搬弄着自己的食物。一切都是那样生机盎然，这一切告诉李白，人世是充满希望的。

山洪仍未退去，李白抖了抖衣上的尘土。肚子里发出一阵咕噜的响声，他这才发现自己已经饿坏了。举目望去，在不远处有一个简陋的农家。李白抱着一线希望，将衣衫整理一下，往那农家走去。来到栅栏外，他看到一个农妇正在那里晒着干菜。这院子整洁有致，虽然是农户之家，但整个院落透着一种别样的优雅。

农妇看到他，停下了手上的活，来到他跟前，好奇地问："你这个书生怎么会在这里？"李白顿了顿，想起此行目的，心中只觉万般讽刺，他只好说道："只因昨日来此游玩，无奈竟遇山洪，被困于此，到现在已经一天一夜未吃过东西了。不知大姐可否……"农妇笑笑，她当然明白李白的意思，忙说道："好说好说，早晨吃剩的饭菜还没凉，先生如果不嫌弃，就进来用一点吧。"李白十分欣喜，忙谢道："怎敢嫌弃，多谢大姐了。"农妇打开栅栏让李白进院，院中有桌椅，李白便在那里坐下，妇人则进屋将饭菜端出。

农家自然只有粗茶淡饭，与李白在那些王孙公子处吃的山珍海味自是无法相比，但这饭菜吃起来，却比任何山珍海味都要香。此处山清水秀，农家避世优雅，远离尘世纷扰，此情此景可谓是很多人的毕生追求了。尽管李白此行未能见到玉真公主，但起码他看到了山水，看到了朴实的农家小院，吃到了最简单的小饭小菜，这也算是一种收获了。更何况，入山遇山洪，还能活着离开，这也未尝不是一种特殊的人生经历。

李白追逐仕途十几年，这些年中，他总是快乐与郁闷参半。当他与好友饮酒畅谈时，他固然能忘却烦恼，但当他想到前途无路时，他便苦恼异常。早先那畅游四方的潇洒和豪情竟是渐渐淡了。而此时此刻，那份不顾一切的潇洒又忽然回来了。山洪阻隔，既阻隔了他下山之路，又暂时阻隔了他与尘世间的牵连。他又能如仙人一般无欲无求、无拘无束了。哪怕只有短短的一天，也是美妙的。

到了下午，山洪已然退去，虽然道路十分泥泞，李白也必须离开。这短暂的避世就当是上天给他的一个奖赏吧。接下来的日子里，他还是要为了他的追求而努力，为了他的前途而奔波。

骑龙飞上太清家

路逢斗鸡者，冠盖何辉赫。

鼻息干虹霓，行人皆怵惕。

——李白《古风》

李白并不是会将自己沉浸在沮丧情绪中的人。虽未见到玉真公主，但他很快再度燃起斗志，继续为他能够入朝而四处走动，结交权贵。可是，连当朝宰相的公子也不愿帮他，他再结交多少权贵又有何用处呢？可惜那唐玄宗高高在上，他怎知在长安城中，有一个举世不凡的才子正心心念念想要与他一见？无奈之时，李白只有以酒为友，让美酒来为他扫去心中烦闷。

这日李白饮酒过后，决定出去走走散散心。虽然长安留给他的总是伤心多于欢喜，但他仍然深深爱慕着这个城市。每当走在长安的大街上，他总能发现许多新鲜事。有时候商人们会从外地带来一些新鲜的小玩意儿，然后卖给长安街头摆摊的。那些都是从全国各地搜罗上来的新鲜东西，高价卖出能让商人大赚一笔。李白自然不会去买那些东西，但他喜欢看，喜欢看那些能工巧匠出品的艺术品，喜欢看那些姑娘、小姐买到东西时的欣喜表情。

这是一个承载着李白抱负的城市，在这个城市里，每一个人都用心过着自己的生活，谁也不会知晓与他擦身而过的那个人有多少欢喜或多少苦闷。来来往往的人群中，如李白一样郁郁不得志的人有很多，从他们脸上的表情，就能看出他们是已经找到入朝之路，还是仍在黑暗中苦苦摸索。

而苦，也都是人自找的。有追求的人才会觉得苦。那些没有太大追求的小贩，那些只盼望嫁个好人家的姑娘，他们的人生是简单而欢乐的，他们大概永远都不会明白李白这种人的心。平凡人自有平凡人的快乐。对他们来说，能够有吃有穿，上有父母健在，下有子女活泼，就已经是人间极乐了，谁会自找苦吃，为了所谓的追求让自己不愉快呢。

若是李白也能这样想，他也就不必烦闷，不必每日在酒醉中沉沦了。其实李白也是一个矛盾的人，一方面，他希望能够走进皇城做官，另一方面，他又厌恶官场上的人情来往、尔虞我诈，这就注定他的仕途不会一帆风顺。而恰是这样矛盾的心理，才是李白苦闷的真正根源。在长安走上一圈之后，李白的心里总算好受了些，但这也只是治标不治本，他的心病只有朝廷可医，他的心结只有玄宗皇帝可解。

当经过长安北门的时候，李白见不远处有一群人，他本非好事之人，也是一时兴起，他忽然想过去看看发生了什么事。走近了，他才发现是发生了口角。

只见一群公子模样的人正在对一个老汉拳打脚踢，嘴里还不停骂着。仔细听来，似乎是老汉在推车的时候，不小心轧死了带头的那位公子的斗鸡。李白对这群斗鸡之徒素有耳闻，这群人整日里不务正业，游手好闲，成天以斗鸡为乐。对他们来说，一只能斗霸四方的鸡恐怕比他们的老子还重要。这老汉推车不小心，轧死了他们的鸡，他们肯定是不会善罢甘休的。

老汉已经被他们踢得遍体鳞伤，面露痛苦之色。在老汉的车上，坐着一个扎着两个小辫的穿着红衣的小女孩儿，她的年纪看起来只有四五岁。她坐在车上哭得脸都花了，大声喊着："爷爷！爷爷！不要打爷爷！"可是那些斗鸡徒哪会理会她，只是下手更狠，打得更凶了。小女孩儿也不知是哭的，还是吓的，浑身瑟瑟发抖。

老汉看到孙女如此，急了起来，他连忙跪地求饶道："各位大爷，就放过小的吧，是小的有眼无珠冒犯了大爷们，求大爷们看在孙女还小的分儿上，放过小的，让小的送孙女回家吧！"听到爷爷这么说，小女孩儿哭得更厉害了，她也不知是哪里来的勇气，忽然从车上跳下来，跑到爷爷的身旁，喊道："你们不要打爷爷！你们是坏人！"

几个斗鸡徒见此，更是气不打一处来，其中一个较为凶狠的立刻一个耳刮子扇在小女孩儿的脸上，"小小年纪，你也敢顶撞你大爷？"小女孩儿本来就已经哭红的小脸立刻肿得很高。周围人看着于心不忍，但也知道这群斗鸡徒不好惹，不敢上前帮腔。在人群中，只有一个人再也看不下去了。

这个人是李白。

李白立刻走上前去，护住小女孩儿与老汉，大声怒道："你们这些不学无术的纨绔子弟，也好意思欺负他们勤勤恳恳的庄稼人？"他这一喊，倒把那几个斗鸡徒镇住了。这群人整日里欺负人欺负惯了，还从来没有人敢呵斥他们。因为长安城的人都知道，他们是不好惹的，不光因为他们能打，更因为他们有身为高官的父亲或爷爷。没想到今日看到个敢碰硬的。他们不怒反而笑了。

为首的那个冷笑问道："你算什么东西？敢来指责你爷爷？"李白呸了一声，说道："我行不更名，坐不改姓，李太白！你们这群无耻之徒，在这天子脚下竟然也敢逞凶，就不怕被皇帝看到吗？"那人一听，恍然大悟道："哦！原来你就是那个四处求人要见皇帝的李太白，名人啊！你说，皇帝连你这么个大才子都见不到，怎么能看见我们呢？"

此言一出，正好戳到李白的痛处。他更加发怒，道："欺世小人，还轮不到你直呼我的名讳！"虽然生气，但是李白并没有失去理智，他一边说话，一边朝另一边移动，将这群斗鸡徒的注意力全部转移到他的身上，再不去注意那老汉和小女孩儿。老汉明白他的意图，心下感激不便多言，只是嘱咐孙女别再哭泣，将孙女放到车上，快步推车离开了城门。

离开了长安城，就不用受这些人欺负了。也许这老汉本非长安人，只是带孙女进城来逛逛，也许这老汉与孙女一直居住在长安，不论是哪种情况，他们都待不下去了，城外的世界虽然不如城内繁华，但总算可以躲开一时的无妄之灾。看到他们离开，李白总算松了一口气。他们走了，他也就不必在意了，就可以放开手脚去打了。

李白在年轻的时候，因为抱着行侠仗义的思想，所以多少学过一点儿功夫。如今他虽然不再如当初那般指望仗剑游行四方，但胸中一颗侠义之心始终不死。他如每一个走南闯北的侠客一样，眼中容不下任何不平之事。今日这事已经恶劣到让他无法忍受的程度，就算他只身一人敌不过斗鸡徒多人，他也要挺身而出，为受屈的人讨个公道。

李白的挑衅自然激起了斗鸡徒的愤怒。为首之人冷笑一声，朝他的兄弟们喝道："给我打！"话音刚落，几个早就摩拳擦掌的斗鸡徒立刻挥拳朝李白打去。李白凭借曾经学的那点拳脚，还算抵挡了一阵。但他终究是个书生，且架不住对方人多势众，到了后来，他还是被人按倒在地上往死里揍了。

即便这样，他也没有求饶，就算他的脸已经被打得血肉模糊，就算他身上已经是遍体鳞伤，他的嘴仍是占着上风。文人写出美丽的诗文自是个中能手，其实文人在骂人方面更是无人能敌。一个才高八斗的文人骂起人来，也更是会让你无力反击。他们打得越凶，李白就骂得越狠，打到最后，李白已经觉得自己有些神志不清了，但嘴里仍是止不住地叫骂。

也许他真的要命丧于此了吧。若是死在这里，他倒毫不遗憾，因为无论如何也算死得其所了。李白在长安城里还算有点名气，他若被人打死，肯定会引起一些轰动，到时候他的那些好友总会有两个交情深的为他四处奔走，到那时，这群斗鸡徒就算不被惩治，起码也会在相当一段时间里不那么好过。想到这里，李白就觉得自己能死在这里非常值得。更何况，日后有人提起他时，还会说他是因行侠仗义而死的，多么光荣。

他固然是决定慷慨赴死了，但老天不会这么轻易就让一个惊世之才丧命于此的。他也知道自己在长安小有名气，那他就应该想到，自己在这里被人殴打，这件事必定会很快传出去的。事实上，他的好友陆调听说李白在北门被斗鸡徒殴打之后，立刻赶来了。陆调当然不会只身前来，在长安，陆调也算小有势力，他带了一群下人来到北门直奔人群。陆调在很远的地方就开始呼喊：“莫要伤我太白兄弟！”

斗鸡徒看到来了人，为首的那个也不想把事情闹大，反正把李白打了个半死，也算出气了，便呼喊示意其他人离开。大家都听他的，也就不再殴打李白，一窝蜂逃开。陆调匆匆赶到李白的身边，将奄奄一息的李白抱在怀中，看着他浑身是伤的模样，心痛不已。他痛心地问：“太白兄弟，你实在太傻了！你一个人哪是他们的对手啊！”李白怒道：“我便是看不过他们！天子脚下欺负人，这世上还有没有王法？”陆调叹气道：“我看那群混蛋里，有几个都是当朝大官的公子，他们要欺负人，谁敢管？”“我便不信，若是他们在长安杀了人，也没人敢审吗？”陆调苦笑道：“若你为当朝宰相，大概也就只有你敢审了。”

李白沉默不语，他知道现实是残酷的，但他没有想到会这样残酷。夜晚的黑暗中，还有明月悬空，还有星光璀璨，但现实世界的黑暗，却是伸手不见五指，看不到半点星光的。在这样黑暗的世界里，他偏偏一直在努力寻找光明，这不是最大的讽刺吗？见李白不再言语，陆调嘱咐下人将他抱上马车，带回府中养伤。陆调也算是救了李白一命，若他不能及时赶来，可能李白真的要命丧在长安北门了，若真如此，那么整个中国文学史就都要改写了。至少李杜之交就彻底变成了平行世界中的故事。

李白在陆调府上养了近半个月，总算将伤养得差不多了。这夜，微风清凉，李白来到陆家庭院。夜空之上，阴云遮住了星与月，使得大地也暗淡无光。李白将手中的酒一饮而尽，感叹道：“真是比墨还黑的夜啊！”

长风破浪会有时

行路难，行路难，

多歧路，今安在。

——李白《行路难三首》

陆家虽然不算什么名门望族，但也是书香门第。陆家院子里栽着几棵枇杷树，树旁放置着主人用来写字画画的桌案。陆调平时无事时便会在那里写些无关痛痒的句子，画一些美人图或是山水图。李白在陆家养伤期间，也算为陆家大院添加了一道雅致的风景。

这日陆调出门，李白独自来到枇杷树旁，看到桌案上有磨好的墨，便抬笔写道："大车扬飞尘，亭午暗阡陌。中贵多黄金，连云开甲宅。路逢斗鸡者，冠盖何辉赫。鼻息干虹霓，行人皆怵惕。世无洗耳翁，谁知尧与跖。"写完之后，他并没有觉得痛快，反而心中十分纠结。这诗与其说是在痛诉那些斗鸡徒的蛮不讲理，不如说是他在感慨当朝的黑暗。这样黑暗的世界里，他一心一意在寻求的，究竟是什么呢？

这条求官之路是如此艰难，而倘若当真求得一官半职，他就真的能如想象中那样，大展雄才改变天下吗？他就真的能将这些宵小之徒全部惩治了吗？他一人之力就算爬到宰相之位又能改变什么呢？一想到这里，他就觉得悲凉极了。

李白在终南山隐居求官的日子，一晃便过去了三年。三年里，李白并非毫无作为，但始终未能得见玄宗，倒是看了不少官场的黑暗。当初的自信满满和意气风发，已经渐渐变得淡然，变得模糊了。想起这三年来辛辛苦苦只为见玄宗一面的经历，李白心中感叹，并写下了《行路难三首》。其一便是人们耳熟能详的那一首：

“金樽清酒斗十千，玉盘珍羞直万钱。停杯投箸不能食，拔剑四顾心茫然。欲渡黄河冰塞川，将登太行雪暗天。闲来垂钓坐溪上，忽复乘舟梦日边。行路难，行路难，多歧路，今安在。长风破浪会有时，直挂云帆济沧海。”

李白在长安的日子其实过得并不苦，因为才华横溢，他得到了很多权贵的赏识，这些权贵几乎是争先恐后地邀请李白去他们的家中做客。比起李白的政治抱负，他们对李白的侃侃而谈，对他的诗文更感兴趣。所以，尽管李白能够享受到“金樽清酒斗十千”，能够享受到值万钱的“玉盘珍羞”，但他却一点食欲都没有。他要的本就不是这样的物质享受。他只希望能以心中之剑，行侠于天下。然而当他拔剑四顾，发现根本无人在意他那把剑的时候，他也就只有内心茫然了。

尽管他得到了很多，但他最想要的，仍旧是得不到。他想要的，在黄河那头，但黄河已经被冰川堵住；他想要的在太行山顶，但山上已经积了厚厚的雪，难以攀爬。老天是公平的，可能会给一个人最美丽的相貌，最完美的才华，但也会给其一个最难以实现的目标。除了古寺中的修行之人，不论多么完美的人都会有自己求不得的东西。而求不得，恰是人间最苦。

这条路是这样艰难，但李白心中的斗志仍未熄灭。他仍然期待着长风破浪，直挂云帆济沧海的那一日。对他而言，不论前方有多少阻隔，不论未来的路有多么艰难，他都会努力坚持，都会用心寻求一条正确的达到目的地的道路。如果说，写下第一首《行路难》时，李白的心仍是充满希望的，那么在写第二首时，他就已经是极度沮丧了：

“大道如青天，我独不得出。羞逐长安社中儿，赤鸡白狗赌梨栗。弹剑作歌奏苦声，曳裾王门不称情。淮阴市井笑韩信，汉朝公卿忌贾生。君不见昔时燕家重郭隗，拥篲折腰无嫌猜。剧辛乐毅感恩分，输肝剖胆效英才。昭王白骨萦蔓草，谁人更扫黄金台。行路难。归去来。”

李白将他心中的苦闷通过这些诗句倾泻而出。“大道如青天，我独不得出”，这是李白最为困苦的根源。这大唐盛世，这繁华长安，明明出出进进的都是官拜朝廷的人，明明那么多文人书生都已经谋取了一官半职，为什么到他这里，却偏偏什么都得不到呢？明明他已经成为长安的一道风景，明明那么多人都欣赏着他的才华，为什么一到要求官的时候，他们却都是推托呢？莫非这朝廷之大，当真就容不下他一个李白吗？难道这青天大路，就是挤不下他这个书生吗？太沮丧，太沮丧。

他自认为不愿同流合污，不愿与那些富家公子一起搞些斗鸡走狗的游戏，他知道那样只是醉生梦死，只是在游戏人生。至于弹剑作歌地发牢骚，到权贵之门那里卑躬屈膝更不是他的追求。他自认自己才华可比韩信，可比贾谊。当年韩信遭到讥讽嘲笑，贾谊也因遭嫉妒而无处施才，但后来他们都得遇明主，都发挥出了自身才华，为什么到了他李白这里，却寸步难行呢？当年燕昭王为了重用郭隗，甚至谦恭下士，为何他李白就是遇不到如燕昭王那样的人呢？是不是燕昭王死后，就再也没有如他一样重用贤士的明君了？就算李白的大名已经响彻长安，可玄宗却偏偏看不到。玄宗看不到的才华，又有什么用处呢？

世路是如此艰难，再难前行半步了，此时除了归去，还有何办法？想到这里，李白其实已经下定决心了。终南山的三年隐居求官的日子，到此终究要画上休止符了。大概是为了给自己一点心理安慰吧，李白又写下了行路难第三首：

“有耳莫洗颍川水，有口莫食首阳蕨。含光混世贵无名。何用孤高比云月。吾观自古贤达人，功成不退皆殒身。子胥既弃吴江上，屈原终投湘水滨。陆机才多岂自保，李斯税驾苦不早。华亭鹤唳讵可闻，上蔡苍鹰何足道。君不见吴中张翰称达士，秋风忽忆江东行。且乐生前一杯酒，何须身后千载名。”

这是一个十分有趣的心理变化。在第一首的时候，李白还盼望着“长风破浪会有时”，但到了第三首，已经变成“且乐生前一杯酒”了。李白与其他郁郁不得志的文人相比，他最大的优点就在于，他是很懂得自我调节的。当他忧愁时，他会将那忧愁赋予文字，而当他发觉一切终究行不通时，他又会潇洒转身，洒脱一笑不去在意，这也恰是许多人喜欢李白的原因。因为他无须任何人开通，他自己就能开通他自己了。

既然行路难，那就不行吧。为什么要学许由用颍水洗耳，为什么要学伯夷、叔齐采薇呢？做人何必那样执着清高？人生在世，就贵在隐名藏世，何必将自己放在云月之上？古时候的那些贤人，有多少在功成之后因贪恋权势不愿退隐而无法善终？伍子胥被抛尸吴江之上，屈原含恨自沉汨罗江。陆机那样的雄才，却连自保也做不到，李斯也在悲惨结局之时方恨未能及早脱身。你看那吴中的张翰，他才是真正旷达之人，秋风吹起时他想起家乡，便放下一切回家乡去了，这才算得了善终。

人生在世，最重要的就是生时有酒喝，至于身后是否留名又何足轻重？当你死后，你的名只供后人瞻仰，那时你已经什么都不知道了。只有此时此刻，杯中之酒才是真实的。为了身后的名而放弃杯中之酒，那才是愚蠢的人啊！

这段话不管是不是李白发自真心，至少只要他相信了，就能让自己好过许多。大概因为他的文笔太妙，诗写得太经典，以至他的行路难第三首不仅仅安慰了他自己，同时也安慰了当时许多与他同样郁郁不得志的文人。他的一句“且乐生前一杯酒，何须身后千载名”可谓是解了千千万万人的心结。哪怕人们知道这只是自我安慰的话，他们仍然能够通过经常念叨这句话，来让自己好过些。

所以说，人不能太懂得平衡安慰自己，太懂了，就容易不上进了。

这三首行路难，既说明了李白在终南山三年之后的心境转换，同时也点出了李白接下来想走的路。正如他所写的那样，既然行路艰难，那么他就只有选择归去了。长安再美，终究不是家乡。想起家中的夫人，想起安陆的好友们，他忽然觉得，自己也的确该回去看看他们了。

李白将自己的想法告诉了陆调，陆调理解他的想法，也不强留。在李白离去的那天，陆调设下了酒宴为他送行。这场宴席上，陆调还请来了许多好友。不管怎么说，这也是在长安驻足了三年的大才子，他要离去了，那也是长安的一件大事，都要好好送行一番的。因此，许多人都在那天去了陆调的酒席，其中包括王炎。

王炎是陆调的同乡，他也一直是客居长安，未能有机会入朝见圣。最近他也有了要离开长安的打算，与李白不同的是，他并不想回家乡，而是打算去蜀中游历，看看能不能在那里碰到做官的运气。

酒席上，王炎向李白谈及此事，李白却劝他不要去，因为他知道，蜀道之难，恐怕是比长安见圣之路更难。但王炎已经下定决心，并未听劝。他知道李白去过蜀中，希望李白给他介绍一些蜀中的风情，并顺便请李白作下诗文留念。李白知道劝说不成，也不强求，便为他作下《剑阁赋》与《送友人入蜀》。在《剑阁赋》中，李白向王炎大致描绘了蜀中的一些风景："咸阳之南，直望五千里，见云峰之崔嵬。前有剑阁横断，倚青天而中开。上则松风萧飒瑟飓，有巴猿兮相哀。旁则飞湍走壑，洒石喷阁，汹涌而惊雷。送佳人兮此去，复何时兮归来。望夫君兮安极，我沉吟兮叹息。视沧波之东注，悲白日之西匿。鸿别燕兮秋声，云愁秦而暝色。若明月出于剑阁兮，与君两乡对酒而相忆！"

其实从这首诗中，就能看出李白朋友多也不是没有道理的。对一个初次见面的人，他都能说出"与君两乡对酒而相忆"这样的话，足以见得他交人是多么热情和热心。有李白这样的朋友。谁能不珍惜不重视?

另外在《送友人入蜀》中，他写道："见说蚕丛路，崎岖不易行。山从人面起，云傍马头生。芳树笼秦栈，春流绕蜀城。升沉应已定，不必问君平。"其实在诗文中，李白仍是隐隐透着规劝之意，他向王炎描绘了蜀道之路有多么难行，只希望王炎能放弃蜀中之行。但他也只是点到即止，不会坚决阻止，毕竟每个人都有选择自己人生道路的权力，旁人只能规劝，却无权干涉。

金作蛟龙盘绣楹

春风尔来为阿谁，蝴蝶忽然满芳草。

秀眉霜雪颜桃花，骨青髓绿长美好。

——李白《山人劝酒》

在那场送别的酒席中，王炎为了助兴，弹奏出一曲《古蜀道难》。这是一首古乐府曲子，听着这首古曲，李白的思绪仿佛又回到当年游历蜀中之时，而当听到曲中那些如泣如诉的片段时，他又想起自己在终南山这三年的郁郁之日。他已经沉浸在这古曲之中，甚至忘记了周遭的一切，忘记了身在酒席之中。直到一曲终了，李白的思绪才算回到现实。陆调与王炎见此，便趁机建议李白为这曲子填上一首词，也算成就一番佳话。

当酒席散去，入夜时分，李白思索良久，想到王炎此去将会经历怎样的坎坷艰难，思及自己这些年来的境况，他终于提起笔，写下了那首传世千年的《蜀道难》：噫吁嚱，危乎高哉！蜀道之难难于上青天。蚕丛及鱼凫，开国何茫然。尔来四万八千岁，不与秦塞通人烟。西当太白有鸟道，可以横绝峨眉巅。地崩山摧壮士死，然后天梯石栈方钩连。上有六龙回日之高标，下有冲波逆折之回川。黄鹤之飞尚不得过，猿猱欲度愁攀缘。青泥何盘盘，百步九折萦岩峦。扪参历井仰胁息，以手抚膺坐长叹。问君西游何时还，畏途巉岩不可攀。但见悲鸟号古木，雄飞雌从绕林间。又闻子规啼夜月，愁空山。蜀道之难难于上青天，使人听此凋朱颜。连峰去天不盈尺，枯松倒挂倚绝壁。飞湍瀑流争喧豗，砯崖转石万壑雷。其险也如此，嗟尔远道之人胡为乎来哉！剑阁峥嵘而崔嵬，一夫当关，万夫莫开。所守或匪亲，化为狼与豺。朝避猛虎，夕避长蛇，磨牙吮血，杀人如麻。锦城虽云乐，不如早还家。蜀道之难难于上青天，侧身西望长咨嗟。

蜀道究竟有多难呢？就是上青天那么难。当年蜀与秦隔绝，为了开通蜀路，五位壮士付出了生命的代价，即便这样，也只开出了一条十分崎岖的栈道。这栈道凡人若想攀爬，必须付出常人无法想象的代价。便是六龙、黄鹤、猿猱这些鸟兽，面对蜀道也无可奈何。这样的蜀道，友人却一心要去攀爬，实在是让人担忧。人生在世本就短短数十年，何必自己给自己找不愉快，倒不如就此归家，及时行乐才是正事。

李白说的是蜀道，劝的是王炎，但他说的更是求官之途，劝的更是一心求官的自己。求官之路不正如那蜀道一样？不论他怎样攀爬，不论他怎样想办法，就是无可奈何，就是过不去。这样一条路，有与没有又存在多少差别呢？凡人无法飞翔，自然是无法登上青天，这条比上青天还难的见圣之路，他李白为什么还要浪费时间去走、去寻啊！还是归去吧，归去才是当下最该做的事情。

王炎自然不会明白李白的这些心思，尽管李白一再说着蜀道难，蜀道难，他却仍是踏上了前往蜀中的路。而李白，也遵从了他自己的选择，离开长安，回到他在安陆的家。

尽管李白为自己找了许多理由和借口，尽管李白一再说着“且乐生前一杯酒，何须身后千载名”，但当他踏上回家的旅程时，他的心中还是忐忑不安。在离开安陆之前，他曾经在《上安州裴长史书》中写过：“何王公大人之门，不可以弹长剑乎？”那时候，他的壮志豪言，他的意气风发，到如今，都只剩下一场笑话。当安陆的人们看到他一事无成地归来时，还不知会怎样笑话他，怎样寒碜他呢。裴长史那些本就看不上他的人固然会讥讽嘲笑，即便是他的朋友，恐怕也会因他的无作为而寒心。

一路上，李白的心情总是矛盾的。一方面，他思乡心切，急切地想看看自己的妻子和离去之前送行的友人，另一方面，他又害怕家乡的人对他指指点点，害怕看到他们讽刺的目光。所以他虽然一路往家乡走去，却总是找各种各样的理由拖延着，仿佛只要慢点走，就能多逃避一会儿。

人最大的弱点，就是喜欢无限放大自己的尴尬。当他做了丢人的事，就会觉得全世界的人都在嘲笑他。其实每个人都有自己的人生，都有各自在意的事情，每个人最重视的只是自己身边的朋友和亲人，谁会对一个偶尔路过的人一直注意呢？就算你出了天大的丑，周围人都笑得前仰后合，过几日之后，他们再见到你，恐怕也不会记得你是谁了。虽然这道理人人都懂，可是当真出了丑事，人们还是恨不得找个地缝钻进去，就仿佛周围人的眼神里都有钻他心的刀子一样。

当李白回到安陆的时候，他才明白自己连日以来的拖延是多么愚蠢。他发现事情并没有他想得那么糟糕。他离开安陆这几年里，人们都过着自己的生活，他归来时，走在路上，也不会有人多看他一眼。而当他回到家中，妻子更是对他求取官职一事丝毫不感兴趣，妻子在意的，只是自己的丈夫终于回家了。在李白离去的三年里，实在发生太多事，不但她的父亲离开了人世，她自己的身体也越来越弱。其实对女人来说，丈夫成就的大小又有什么用呢？能常伴身边才是最幸福的。

可惜李白本就不是能够常年待在家的人。虽然回家与妻子团聚让他心中的烦闷一扫而光，但待了几日之后，他的心思就活泛了。让他一个四处漂游的人长期待在家里与妻子为伴，那对他来说无异于被关入死牢。所以几日之后，李白又走出门去，找曾经的友人饮酒畅谈，讲些他在长安的所见所闻，讲出他的苦恼，他的忧虑。他想起远在襄阳的孟浩然，又离开安陆前往襄阳去寻访友人。

见到李白，孟浩然十分欣喜。这大概是他最想见到的好友之一了。其实对朋友而言，谁会因为你没能顺利入朝而嘲笑你呢？他们之所以与你相交，并非因为你有多么成功，只是欣赏你的才华，喜欢你的个人秉性。若有人因为你当官而跟你结交，那么这种友人不要也罢。

孟浩然与李白相见，免不了痛饮一番。这些文人，恨不得饮尽天下的酒，恨不得把自己化作一池酒湖，终生与酒作伴。饮到兴起之时，李白又一如既往地诗兴大发，当下挥笔写成一首《襄阳歌》:“落日欲没岘山西，倒著接蓠花下迷。襄阳小儿齐拍手，拦街争唱白铜鞮。旁人借问笑何事，笑杀山翁醉似泥。鸬鹚杓，鹦鹉杯。百年三万六千日，一日须倾三百杯。遥看汉水鸭头绿，恰似葡萄初酦醅。此江若变作春酒，垒麴便筑糟丘台。千金骏马换小妾，醉坐雕鞍歌落梅。车旁侧挂一壶酒，凤笙龙管行相催。咸阳市中叹黄犬，何如月下倾金罍？君不见晋朝羊公一片石，龟头剥落生莓苔。泪亦不能为之堕，心亦不能为之哀。清风朗月不用一钱买，玉山自倒非人推。舒州杓，力士铛，李白与尔同死生。襄王云雨今安在，江水东流猿夜声。”

李白最令人欣赏的一点，就是不论他的境遇多么艰难，不论他的仕途多么不顺，他都不会从此变得愤世嫉俗，变得颓废放弃。他固然是追逐着权力，期望自己能够入朝，能够得到玄宗的重用，但这并不能妨碍他豪放的性格和作风，并不能改变他的浪漫和自信。终南山三年毫无所成地归家，着实是让他郁闷了一阵子，但是当与友人纵情痛饮时，那份郁闷早就烟消云散了。他并不是一个会将情绪永远滞留在心中的人，他是一个很懂得排解情绪，然后继续潇洒生活的人。这样的人，谁能不爱，谁能不希望自己能够拥有与他相同的心胸呢？

其实千言万语，不过是因为李白足够豁达。李白与苏轼一样，都是很能看开的人。他们这样的人，是永远不会因为愁绪，因为烦闷而患病的，而偏偏他们这样的人，才会有天赐之才，才会受到老天的青睐。或许那些有着一身才华而无处可施的人的确让人感慨，但李白、苏轼这样的人，却会让人发自内心地欣赏、仰望。

正如这首《襄阳歌》中所表达的那番浪漫情怀一样。字里行间，仿佛已经让人看到了李白神采飞扬的轻松模样。这就是李白，这就是能够痛快挥袖，潇洒转身的李白，这就是大唐盛世中，被许多文人骚客心心念念，只愿有生之年能得一见的李白，这就是在千年之后，仍被人们深深爱慕着的李白。

而世上只有一个李白，前无古人，后无来者。

笑隔荷花共人语

仙人有待乘黄鹤，海客无心随白鸥。
屈平词赋悬日月，楚王台榭空山丘。
——李白《江上吟》

李白在安陆时，与他交流最多的，大概就当属元丹丘了。自李白去长安后，元丹丘也没有继续在安陆停留，他去嵩山隐居了下来。虽未与李白一同入京，元丹丘却始终惦记着李白。李白在长安的大事小情，元丹丘这边几乎都能得到消息。元丹丘身在嵩山，却心系李白，作为一个修道之人，他在这世上最大的牵挂，恐怕也只有李白了。

当李白一无所成回到安陆时，第一时间得到消息的元丹丘也立刻前往安陆邀请李白一家人，希望他们也能同他一起在嵩山隐居。嵩山是一个人杰地灵的地方，元丹丘希望能在那里继续与李白过着游山玩水的日子。李白的妻子与女儿都很喜欢攀山望景，对于元丹丘的提议，自然是欣然愿往。可惜，也许是三年的孤独日子，也许是父亲离世的打击，许氏的身体状况十分不好，她虽然心有余，但力不足，身体实在不够支撑她去嵩山了。无奈下，最后仍是只有李白一人与元丹丘同去嵩山。

那又是一段惬意畅怀的日子。嵩山对许多修道者来说都是一处风水宝地。自古嵩山便流传着许多修道者得道升仙的故事，在那里，更有晨钟古寺的清幽和云雾缭绕的仙景。在那里，若是心无挂碍，当真是能过着神仙一般的生活了。元丹丘一心求道，所以能耐得下性子留在嵩山，但李白却不行，李白纵然潇洒，却仍有太多太多的牵挂。先是身体不好的妻子，让李白时刻惦念，二是他的从政之心仍旧未死，一日不能入朝见圣，他就一日不能安心归隐。

尽管如此，对这段嵩山游玩的日子，李白仍是十分珍惜，后来即便离开嵩山，他仍然对那段时光十分怀念。为此他写下了《元丹丘歌》，来纪念那段与元丹丘同游的日子："元丹丘，爱神仙。朝饮颍川之清流，暮还嵩岑之紫烟，三十六峰长周旋。长周旋，蹑星虹，身骑飞龙耳生风，横河跨海与天通，我知尔游心无穷。"

李白曾经一心求道，但他的心不够纯，他总是惦记着能够从政，总是期盼着能在尘世中做出些功绩。就算他归隐，也要在功成名就之后。但元丹丘却不同，元丹丘的整颗心都在求道上。他是比李白更接近神仙境界的人。事实上，他已经过着如神仙一般的生活了。朝饮山间溪流，暮还山顶紫烟。他的足迹踏遍三十六峰，过着云游山间的日子。除了不能腾云驾雾，他与神仙又有多少差别呢？元丹丘是真正接近了庄子所说的逍遥游的境界的。

李白也希望达到那种逍遥游的境界，但他却不能放弃追求，他的想法是先在朝廷中做出一番事业，然后功成身退，回到山间隐居。这其实是当时许多文人的追求，他们总是不能放下，殊不知，放下才是人世间最难达到的境界。

李白无法放下，所以他无法享受元丹丘那样的神仙生活。他念着他的家人，念着他的求官之路。在数日之后，他终究是选择了告别，离开元丹丘，回到安陆。

当年李白在长安结交的崔宗之，在李白离去后，还是心心念念，时刻想着要再寻机会与李白同游。听闻李白已经回到安陆，他立刻动身前往，期望能与李白同游南阳。那时候李白刚从嵩山归来不久，见到崔宗之殷切邀请，思及之前拒绝同隐嵩山一事，他心下既感激，又觉过意不去。这一次，他没有再拒绝崔宗之，而是答应了与他同游。

南阳，乃是诸葛亮的隐居之所。当初诸葛亮就躬耕南阳，过着隐士般的生活。是刘备一心希望诸葛亮能够助他成就大业，他才离开南阳。刘备为了求才，甚至三顾茅庐，礼贤下士。而李白自诩才高，却连皇帝的面也见不到，思古及今，实在是太讽刺了。当然，虽然自己与诸葛亮有着截然不同的命运，但李白对这位大贤仍是十分崇敬，他很早之前就想去南阳对这位伟大的贤士凭吊一番了。

崔宗之终于得偿所愿，可以与李白同游了，他的心中不知道有多欣喜。恐怕连李白自己也不会明白，在别人的心中，他有多么重要，多么让人重视。有时候人总是喜欢追求那些自己得不到的，而忽略了自己身边最重要的东西。哪怕是李白这样的人，也有这样的弱点。他一心想见玄宗，却忽略了那些真正爱他珍惜他的朋友。

来到卧龙岗，李白想起了当年诸葛亮出山之时曾经唱的《梁甫吟》:“步出齐城门，遥望荡阴里。里中有三墓，累累正相似。问是谁家墓，田疆古冶子。力能排南山，文能绝地纪。一朝被谗言，二桃杀三士。谁能为此谋，国相齐晏子。”

梁甫其实是泰山脚下的一个小山。与泰山的正气巍峨比起来，梁甫就显得小气奸邪了。所以人们时常喜欢将泰山比作君子，将梁甫比作小人。所谓梁甫吟，自然也是关于贤良之人因受小人横亘，而无法发挥才华的故事。在文人郁郁不得志的时候，大都喜欢吟诵《梁甫吟》，来表达心中的苦闷。诸葛亮吟诵的是古乐府中流传得最广的那一首，说的是晏婴二桃杀三士的故事。世人都认为在此事中，晏婴是奸佞小人，他使用了卑鄙的伎俩残害忠良。

但其实晏婴并没有做什么，他甚至没有进献什么谗言，他只是通过自己的一点小计谋，帮助君王除掉了他本就打算除掉的人而已。而且他的方法也并非是什么见不得人的方法，他仅仅是利用了人的弱点，而惹得那三士自相残杀。

与其说他是奸佞，不如说他是具有大智慧的谋臣。当然，当时的主流思想并非如此。不论如何，晏婴确实用计害死了三士，说到底，这三条人命，多多少少也要算在晏婴头上的。

不过李白在意的，既不是那三士有多么倒霉，也不是晏婴有多么可恶，他只是想，叱咤一时的诸葛亮也曾经有隐在山中无人识的时候，那么他自己现在又何须困苦呢？他正当盛年，未来无可限量。就算十几年来始终未能成功见到皇帝，但这并不代表未来日子里自己仍然会失败。属于他的时代终有一日会到来的，他坚信。

李白永远是这样乐观，他的心态决定了他的诗歌风格。正是因为他是这样一个自信的、一个屡败屡战的乐观主义者，他才能那样潇洒，才能写出那些轻松飞扬、豪放浪漫的诗句。

李白心有所感，在卧龙岗处也写下了一曲《梁甫吟》：

“长啸梁甫吟，何时见阳春。君不见朝歌屠叟辞棘津，八十西来钓渭滨。宁羞白发照清水，逢时吐气思经纶。广张三千六百钓，风期暗与文王亲。大贤虎变愚不测，当年颇似寻常人。君不见高阳酒徒起草中，长揖山东隆准公。入门不拜骋雄辩，两女辍洗来趋风。东下齐城七十二，指挥楚汉如旋蓬。狂客落魄尚如此，何况壮士当群雄。我欲攀龙见明主，雷公砰訇震天鼓。帝旁投壶多玉女，三时大笑开电光。倏烁晦冥起风雨，阊阖九门不可通。以额扣关阍者怒，白日不照吾精诚，杞国无事忧天倾。猰貐磨牙竞人肉，驺虞不折生草茎。手接飞猱搏雕虎，侧足焦原未言苦。智者可卷愚者豪，世人见我轻鸿毛。力排南山三壮士，齐相杀之费二桃。吴楚弄兵无剧孟，亚夫咍尔为徒劳。梁甫吟，声正悲。张公两龙剑，神物合有时。风云感会起屠钓，大人嵲屼当安之。”

李白写完之后，自己对这首诗十分满意，后来在游香山寺时又将此诗题在了那里的墙壁上。

初见这首诗的人恐怕很难想象，这诗会是一个一直追求仕途却一无所得的人写的。诗歌里透出诗人义薄云天的豪气，透着诗人惬意放肆的豪情。不论怎么看，这都是一个意气风发、一帆风顺的人才能写出的东西。一个常年失败、总是身处困苦之中的人，怎么可能写出那样轻松、那样大气的东西来?

偏偏李白就可以做到。他最得意的作品，偏偏就不是在他最顺利的时候写出来的。而这，也恰是他的魅力所在。

第三章

安能摧眉折腰事权贵

一醉累月轻王侯

谁家玉笛暗飞声，散入春风满洛城。
此夜曲中闻折柳，何人不起故园情。
——李白《春夜洛城闻笛》

李白又过上了四处游历、结交好友的日子。除了一些旧友，他又结交了许多新的朋友，其中就包括元丹丘的从兄元演。正所谓人以群分，通常一个圈子的人结交的朋友，往往也会与这个圈子的其他人结交，正是因为他们有着同样的喜好，有着同样的价值观。李白很快就与元演成为了交心的好朋友。新的朋友带来的是新鲜的体验。李白与元演交往的日子里，他们时常在一起狂饮到酣醉。

一日，他们共同前往随州去拜访胡紫阳。胡紫阳也是当时有名的修道之人，他是司马承祯的弟子，也是元丹丘的师父。这个圈子里基本上都是修仙求道之人，大概只有李白是抱着政治理想的。李白似乎总是个异类，在追求官场的人群中，他与那些人格格不入，在追求修仙的人群中，他又总是贪恋尘世中的名利。不过对比来说，他还是与修仙之人交情更深。或者因为，他在本质上就是一个极有仙缘之人吧。

李白、元演与胡紫阳在随州一见如故，他们一同来到餐霞楼上饮酒畅谈。在场的还有随州刺史。因为司马承祯在朝廷中的声望很高，他的弟子胡紫阳自然也备受尊崇，所以虽然他是修道之人，但是当地的官场中人都很乐于同他结交。那场酒席上，李白吹着玉箫，随州刺史在席间翩翩而舞，场面令人陶醉。

后来元演的父亲被朝廷任命为太原尹，恰好元演众人都未曾去过太原，是以他邀元丹丘与李白一同去太原游玩。说起来李白虽然仕途艰难，但他其实一直都与王孙公子一起游山玩水，他结交的也都是上流社会的人物。这样的日子，比起朝廷中的尔虞我诈，不知道有多妙，但他偏偏看不破，偏偏就是不愿放弃自己的那一点抱负。

元丹丘已经决定回到蜀中的峨眉山继续修行，无法与他们同游太原。遗憾之下，只有李白与元演二人前往。他们来到太原，度过了一段十分愉快的时光。元演的父亲是一个通情达理识才重才之人，在那里，李白得到了上宾般的款待，每日里不仅有美酒佳肴，元演还陪伴李白游览了许多当地的名胜。李白十分珍视那段时光，这让他甚至暂时忘却了自己的理想，甚至忽然觉得，如果一生都能这样度过，那也十分美好了。

李白有时候真是一个让人又爱又恨的人。爱他，是因为他总是乐观向上，总是潇洒不羁，总是能给友人带来新鲜和欢乐；恨他，是因为他最重视的永远都是外面的朋友，在自己的家多待几日反而觉得烦闷。李白这样的人，只适合做朋友，而不适合做家人。因为家庭从来都不是浪漫的，朋友才是。

许多年后，当李白思及与元演同游的过程时，他仍然十分怀念那段时光，并写下了那首长诗《忆旧游寄谯郡元参军》:

“忆昔洛阳董糟丘，为余天津桥南造酒楼。黄金白璧买歌笑，一醉累月轻王侯。海内贤豪青云客，就中与君心莫逆。回山转海不作难，倾情倒意无所惜。我向淮南攀桂枝，君留洛北愁梦思。不忍别，还相随。相随迢迢访仙城，三十六曲水回萦。一溪初入千花明，万壑度尽松风声。银鞍金络倒平地，汉东太守来相迎。紫阳之真人，邀我吹玉笙。餐霞楼上动仙乐，嘈然宛似鸾凤鸣。袖长管催欲轻举，汉东太守醉起舞。手持锦袍覆我身，我醉横眠枕其股。当筵意气凌九霄，星离雨散不终朝，分飞楚关山水遥。余既还山寻故巢，君亦归家渡渭桥。君家严君勇貔虎，作尹并州遏戎虏。五月相呼度太行，摧轮不道羊肠苦。行来北凉岁月深，感君贵义轻黄金。琼杯绮食青玉案，使我醉饱无归心。时时出向城西曲，晋祠流水如碧玉。浮舟弄水箫鼓鸣，微波龙鳞莎草绿。兴来携妓恣经过，其若杨花似雪何。红妆欲醉宜斜日，百尺清潭写翠娥。翠娥婵娟初月辉，美人更唱舞罗衣。清风吹歌入空去，歌曲自绕行云飞。此时行乐难再遇，西游因献长杨赋。北阙青云不可期，东山白首还归去。渭桥南头一遇君，酂台之北又离群。问余别恨知多少，落花春暮争纷纷。言亦不可尽，情亦不可极。呼儿长跪缄此辞，寄君千里遥相忆。”

元参军自然便是指元演，对于元演，李白甚至比对元丹丘的感情更深。李白所结交的都是性情中人，而性情中人也有更加性情之人，性情中人，在饮酒之时总是感到无比痛快，而越是痛快的人，李白就越是喜欢。那真是段让李白无比快活的日子，那时候每多相聚一刻，就让李白多欣喜一刻，一旦要分离，他心中便充满了不舍。在李白的人生里，总是他独自游行的时候多，不舍他人的时候少，但元演真正让他体会到了什么是依依不愿离，什么是难舍与君分。大概是因为他伤人太多太深，老天才派来一个元演吧。

虽然太原的日子让人流连，那里终究不是李白的归宿。不论家庭生活多么平淡，李白都不可能真正放开他的家人。毕竟漂泊再久的游子也是要寻根的。所以尽管不舍，尽管渴望再多停留，李白还是告别了元演，告别了那段无忧无虑的太原时光。他再度踏上归家的行程。

当他赶到洛阳的时候，他再次碰到元丹丘。此时元丹丘也是刚刚离开蜀中。他们这对多年的好友实在是缘分匪浅，命运总能将他们牵扯在一起。这似乎也是在提醒李白，得道成仙才是他真正的归宿。好友再度相见，自然少不了一番痛饮。饮酒中，李白将自己在太原元家的经历都与元丹丘一一讲述。那段经历中值得讲述的故事太多，不是一次酒席就能讲尽的。好在他们有的是时间，足以来一次彻底的交流。

他们就这样在洛阳停留下来。白日里，他们一同畅游洛阳的名胜古迹，到了夜幕降临，他们便在客栈里饮酒畅谈。这一日，他们相谈正欢，忽闻一阵笛声传来。那是一曲《折杨柳》。笛声悠扬婉转，如泣如诉，在静夜之中，笛声显得清晰而深入人心。闻此声，李白与元丹丘停止了攀谈，也放下手中的酒杯。他们并不知道这曲子是何人吹奏的，也不知道这笛声从何而来，但这并不重要。在这异乡之地，他们听到这样的笛声本就是奇遇，又何须追本溯源呢？

这时李白心有所感，他轻声吟道："谁家玉笛暗飞声，散入春风满洛城。此夜曲中闻折柳，何人不起故园情。"这一首《春夜洛城闻笛》算是道出了李白的心境。李白此行本来就是要归家的，若非遇见元丹丘而在洛阳耽搁了，他恐怕此时此刻已经回到家人的身边。他并非是冷漠无情的人，家中有妻子与女儿在等待，他又怎么可能不思念？当听到这样催人伤怀的《折杨柳》，他又怎么能不思乡呢？

李白只是一个性情中人，当他与朋友在一起游玩时，他往往会忘记了自己的家人，忘记了自己的责任。这并不是因为他冷漠无情，也不是因为他毫无责任感，只是因为他太过乐观，这样的性格使得他游乐起来经常忘记一切。只有当他安静下来时，他才会想起，自己是多么思念家中的亲人。

在洛阳的这段时间里，元丹丘再次邀请李白去嵩山一起居住一段时间，修身养性的同时还能彼此交流心得。本来李白已经准备答应了，但当听到这一曲《折杨柳》后，李白再也不愿在外停留。他只希望身上能生出双翼，立刻带他回到家中，看到自己的亲人。

这一夜，听到这笛音之人自然不可能只有李白与元丹丘二人，只要是附近此刻未睡之人，都有可能听到笛音。一曲《折杨柳》，引发了多少人的思乡情怀。

也许也有人在听到笛音后，落泪思念家人，但如李白这般，闻笛音后立刻赋诗相应并决定次日归家的人，恐怕不会有几个。

而这一切，那位吹笛之人恐怕永远也不会知道。吹笛的人也许只是心中烦闷，也许只是偶有所感，又也许也是身在他乡的思乡人。他吹奏一曲《折杨柳》，自然是为了抒发心中的情感，也许他设想过在这凉夜之中，会有知音人欣赏他的笛声，不过这也仅仅是设想而已。当一曲终了，他也要回到床上，进入梦乡，准备迎接第二日的到来。而在第二日，李白则已经坐上马车，远离洛阳，往安陆飞奔而去了。

钟鼓馔玉不足贵

五花马，千金裘，呼儿将出换美酒，与尔同销万古愁。

——李白《将进酒》

思乡心切的李白回到家中，见到妻子和女儿欢喜地前来迎接时，心中不禁涌起一阵难过。这才是他的家人啊，才是会爱他一生、伴他一生的家人！偏偏他的心总是长在外面，他总是不能好好陪伴自己的亲人。他的确是一个了不起的诗人，是一个正义的大侠，是一个重情重义的朋友，但他从来都不是一个好丈夫、好父亲。鱼与熊掌总是不可兼得的，他的才华太高，以至无法永远在池中停留。只有那些平凡的人才能成为好丈夫、好父亲、好儿子，所以只有平凡的人才能拥有平凡的幸福。才学太高的人，若想获得那最简单的天伦之乐，却是难上加难。

事实证明，李白要想安于家中，的确是十分艰难的。这不仅仅因为他长着一颗随时准备飞翔的心，也因为他闻名当世的才学。当代的大才子，每个文人都想结交的人，就算他想在家里好好陪伴自己的妻子和女儿，别人也不会让。

当时有一个名叫岑勋的年轻人，他仰慕李白已久，十分希望能够见到李白，得到他的指导。那时候，他听闻李白正在嵩山与元丹丘同游，便远离家乡奔往嵩山。当他到达嵩山，遇到刚刚回到嵩山的元丹丘时，却只得到了李白已经回到安陆的消息。若要再从嵩山赶到安陆，不知道又要走多久。千里迢迢只为一见，谁知见到的却只有这云雾缭绕的青山，岑勋的失落之情实在难以言表。

元丹丘看在眼里，他很明白这种心情，每一个喜爱李白的人都感受过这种心情，只是李白不自知而已。见到岑勋如此，元丹丘仿佛见到了千千万万倾慕李白的年轻人，以及珍惜着与李白共度的每一刻时光的自己。元丹丘于是将岑勋留在了嵩山，并向李白修书一封，着重笔墨写出了这个年轻人急于见他的殷切心情。为了让李白对这年轻人有所了解，元丹丘信中还写上了岑勋所作的诗。

李白到家的脚步还未站稳，与妻子、女儿之间的感情还未诉尽，就接到这样一封信。读过信后，李白的心思再度活泛了，他甚至已经能看到那个年轻人意气风发、执着努力的模样。这个年轻人千里迢迢地来找他，这是怎样的意志啊！没想到他李白也能有今天，也能有人为了见他跋山涉水。这样一个可爱的年轻人，李白怎可辜负他，怎可放弃他呢？

许氏也看到了那封信，她没有多说什么，只是整了整李白的衣领，然后柔声说了两个字：“去吧。”简简单单的两个字，却让李白又是心酸又是感激。嫁给李白，不知道她是幸运还是不幸。她是当世大才子的妻子，天下不知道有多少女孩子羡慕嫉妒。李白是这样一个人人都想与他结交的香饽饽，能成为他的妻子，那是何其光彩的事啊！但是那也只是外人的想法，真正身处其位的话，又有几个女子能够忍受长年累月地独守空房呢？也只有许氏这样贤惠识大体的女子才能做到吧。

李白这一生，对任何一位朋友都算是仁至义尽。在朋友中，他真正做到了对得起每一个人，而他对不起的唯独只有一人，那就是他的妻子。这一世，他们注定无法拥有平凡的幸福，也许今生的亏欠，只有待到来生方可补偿了。

尽管心中有着许多亏欠，但远处那个殷切等待李白的年轻人仍然让他无法继续留在家中。当日，他快速打点好行囊，连夜赶往嵩山。当来到嵩山，见到岑勋之时，李白发觉这个年轻人果然与他想象的一样，神采奕奕，春风少年。他们刚一交谈，便觉情投意合。在嵩山，这三个人一起畅谈天下大事，好不痛快。当然，酒是不可缺少的。他们一边饮酒，一边吟诗，李白对这场相见感到十分欣喜，当下，他便作出一首《酬岑勋见寻就元丹丘对酒相待以诗见招》：

“黄鹤东南来，寄书写心曲。倚松开其缄，忆我肠断续。不以千里遥，命驾来相招。中逢元丹丘，登岭宴碧霄。对酒忽思我，长啸临清飙。蹇予未相知，茫茫绿云垂。俄然素书及，解此长渴饥。策马望山月，途穷造阶墀。喜兹一会面，若睹琼树枝。忆君我远来，我欢方速至。开颜酌美酒，乐极忽成醉。我情既不浅，君意方亦深。相知两相得，一顾轻千金。且向山客笑，与君论素心。”

他用此诗来表达自己与岑勋见面的喜悦之情。既然结交了新的朋友，李白自然要在嵩山多停留几日了。他们开始过起了隐居的生活，每日与美酒为伴，以山水为餐，着实是人生一大乐事。一日，李白站在嵩山之巅，望着远处奔流不息的黄河，心有所感，赋出了一首《将进酒》：

“君不见黄河之水天上来，奔流到海不复回。君不见高堂明镜悲白发，朝如青丝暮成雪。人生得意须尽欢，莫使金樽空对月。天生我材必有用，千金散尽还复来。烹羊宰牛且为乐，会须一饮三百杯。岑夫子，丹丘生，将进酒，君莫停。与君歌一曲。请君为我侧耳听。钟鼓馔玉不足贵，但愿长醉不愿醒。古来圣贤皆寂寞，惟有饮者留其名。陈王昔时宴平乐，斗酒十千恣欢谑。主人何为言少钱，径须沽取对君酌。五花马，千金裘，呼儿将出换美酒，与尔同销万古愁。”

这可谓是响彻中国诗歌史的一首饮酒歌了。也只有李白才能写出这样豪情万丈的诗句。也只有每日里望尽嵩山数十峰的人，才能做出“黄河之水天上来”这样的想象！饮酒本是肆意畅怀之事，酒既已入肠，人又岂可愁眉不展？紧皱眉头饮酒既辜负了美酒，也辜负了饮酒这一浪漫的行为！

在李白的世界里，饮酒是豪气干云的，是可以不顾一切的。天地之大，谁能将琼浆玉液洒向九天之巅？在遥远的古时，曾有人说过“维北有斗，不可以挹酒浆”，大概只有浪漫的文人，才会想到要用北天之上的星斗来盛酒喝吧？那从九天之上洒向人间的黄河之水，奔流不息向前而去，你若想在上面踏出一个足印，必然要被冲到河水中央。这奔腾的河流能记得什么，能留住什么呢？只有一个潇洒的背影罢了。人生只有数十年，在这天地之间，短暂得如同朝幼暮垂，青丝成雪只是转瞬之间的事。既然如此，人们为什么还要为不必要的事烦恼呢？不如就饮酒吧！须知人生短暂，生命苦短，尽情欢饮才不会辜负岁月。不要让那盛酒的金尊只能对月叹息。要将它一杯又一杯地装满，才算使它完成了使命。何必去想渺茫的前途？何必去想明日的苦楚？既然上天赋予我才华，那么有朝一日这才华必定能够派上用场！

这诗句是多么铿锵有力，多么震撼人心！这不但为李白自己解开了心中郁结，也为他人敲了一记定心之音。然而，当很多人听信他的话，享乐今朝之时，他们却忘记了一件重要的事情：“天生我材必有用”这句话，只有李白能说，也只有他有资格说。想说出这句话的人，除非他也能做到让天下的文人雅客都以结识他为荣，让千年之后的人仍能热衷于背诵他的诗篇。

李白吟到兴起，还不忘继续劝酒。他欢快地唱到“岑夫子，丹丘生”，他让他们莫要因听他吟诗而停下饮酒的动作，一定要继续喝，这样才有乐趣，千万不要停杯。饮起酒来，一旦停下，兴致就要变低了。他向他们唱着，“钟鼓馔玉”都是身外之物，不论得到多少金银珠宝，都不如长醉不醒来得痛快！自古那些所谓的圣贤，最终还不是郁郁而终不得其乐？只有懂得酒中之道，只有热爱饮酒的人，才能度过欢愉的一生！当年的陈王喜爱宴请好友饮酒，纵情地欢乐，这才是真正的饮中之仙啊！更不要因缺钱买酒而愁苦，只要痛饮就好，只要开怀就好，只要大醉一场就好！至于明日的愁绪，就留待明日再去忧愁吧！

这等洒脱的情怀，着实是惹人钦羡！岑勋与元丹丘受他感染，饮酒之兴更是高涨起来！当后人吟起李白的这首《将进酒》时，往往也愿意效仿他那“但愿长醉不愿醒”的潇洒。但还是那句话，《将进酒》是只有李白才唱得出，只有李白才有资格唱出的！因为只有他可以在长醉之后仍能轻松应对以后的烦闷，因为他的烦闷本就是自己制造的。而那些真正有着责任在身，真正需要坚守本位的人，若是也效仿李白这“人生得意须尽欢”的情怀，那结果可能只是让事情变得更糟。

寒云夜卷霜海空

弃我去者，昨日之日不可留，

乱我心者，今日之日多烦忧。

——李白《宣州谢朓楼饯别校书叔云》

有一种无奈叫作乐极生悲，有一种不舍叫作今生辜负。就在李白无法停止他四处交友的脚步时，他却意外接到一个消息：他长期患病独守家中的妻子离开了人世。这消息是这样冰冷，这样讽刺。李白手中的书信，就如同一张讽刺的脸，在冷笑嘲弄着他：看吧，这就是你四处游玩的结果。你到最后只满足了你自己的愿望，你从来都没有关心过你的妻子。你明明知道她身体不好，有着顽疾，甚至你明明知道，她的病，就是因为父亲去世时她无法独立承担悲伤才得上的。你的妻子一生中最倒霉的就是嫁给了你，如果她嫁给一个寻常的爱她关心她的人，可能她根本不会患病，也不会死得那么早！

看到这样的消息，李白再也笑不出了。他是豁达，而非无情。他连忙赶回家中，但迎接他的只有妻子的灵柩。他非常懊恼，他知道，如果自己能多陪陪她，如果能多关心她，如果能把自己与朋友饮酒畅谈的时间多分一些给她，那她就不会离去得这样快。如今，她终于承受不住痛苦，潇洒离去了，留给李白的，只有无尽的悔恨。

其实就算许氏没有死，李白也不可能花更多的时间来陪她的。在这个故事中，本就没有谁对谁错。李白从来就不是也不可能是她一人的所有物。李白是当时许多文人心中的爱人，他是属于他们的。怪就怪许氏今生选错了人，她不该选一个留不住的浪子做夫君。对于一个女人来说，丈夫有没有才华不是关键，关键在于，在你难过的时候，他是否陪在你的身边。

在许氏弥留之际，不知她的心中想的是什么。也许她真的会怪李白，怨李白，但也许，她是了无遗憾地离开人世的。毕竟，她获得了全天下女子都无法获得的殊荣，并为他生下了一儿一女，这已经是她最大的骄傲了。若她能够想开，她便会这样去想。

如今许氏已经魂飘西天，留下的是未成年的儿子女儿和悔恨不已的夫君。那日之后，李白再也无心出游，他每日里陪伴着两个孩子，教他们读书认字，期望能够弥补自己的过错。真正当起家来，李白才意识到当初妻子是多么艰难，才意识到原来自己真的对家庭关心得太少太少了。

伤心的李白一心回归家庭，但他这样的人就算自己想平静，世人也不会让他平静的。他的妻子去世的消息不胫而走，许多名流之女听说这个消息后不免有些喜悦之情，她们并不是冷漠，而是她们太渴望这样一个机会了。世人都知道李白只钟情许氏，从不纳妾，所以天下的女子只有认命。但许氏既已离去，这岂非名媛小姐们的一个绝好机会？李白是谁，那可是上流社会都想结交的雅士啊，成为他的妻子是多么风光的事，而且还有可能载入史册，这是多大的诱惑！

所以，就算许氏的前车之鉴摆在那里，还是有女子希望能与李白成就一段佳话。刘氏正是其中之一。

说起刘氏，这也是一个让人褒贬不一的女人。她主动来到安陆，表达了对李白的倾慕之情。那时候，许氏已离世一年。李白尚沉浸在悲伤中难以自拔，刘氏的到来刚好填补了这一空缺。但许氏刚去世一年，李白不愿辜负亡妻，所以虽然留下了刘氏，却并未明媒正娶给她个名分。刘氏也是性情中人，本就不喜这些凡俗礼节，所以也就没有多加在意，与李白不明不白地做了夫妻。

当遇到刘氏，李白才明白，原来许氏真的是全天下最好的妻子，最懂事的女子。过去的十几年里，不论李白提出什么要求，不论李白要去哪里，许氏都不会多问，只是帮他安排好一切，让他毫无后顾之忧地去做，去游。但刘氏不一样，刘氏来到李白的身边就是因为她对李白的倾慕，她是为了与李白在一起才来的。她希望李白能成为她的爱人，也希望自己能成为李白心中的爱人，毕竟这才是一个女人正常的需求。

偏偏李白不是一个会将爱情放在重要位置的人，虽然刘氏让他从悲苦之中走了出来，但他接下来要做的并不是从此与刘氏卿卿我我，过上幸福的生活。他既然已经不再悲恸，那么就要继续开始他的游历生涯了。嵩山的元丹丘还在等他一起看山中云雾，襄阳的孟浩然还在等待与他饮酒狂欢，还有太原的元参军，还有那么多好友，他们才是李白的心之所系。

于是，过了十几年舒服日子的李白，终于开始体会到女人的可怕了。他平静的生活终于出现了争吵。刘氏来到这里，是来爱李白的，不是来过孤身等待的日子的。她不要名分，她放下自己的身段，就为了能够与李白进行一场美好的恋爱，可李白给她的，却只有等待。于是，每次李白游玩归家后，迎接他的并不是妻子的温柔，而是一连串的责怪。

其实李白是一个脾气很好的人，尽管刘氏对他总是责怪，但他却并不喜爱与她争吵。他所能做的，就是让她说个够，然后在她还未埋怨尽兴的时候，再度背起行囊继续他的游历。

这真是太过分了。至少对于一个女人来说，实在是很过分。

现在刘氏终于看清楚这个全天下人都仰慕的男人是什么样子了，她终于明白为什么许氏去世得那么早。有这样一个丈夫，女人就只有不幸而已，不幸的女人又怎么可能长寿？就这样，刘氏对李白的感情，从最初的爱慕，渐渐变成了鄙夷。

也许李白真的是全天下女人的恋人，但那又如何？他终究是一个不懂女人，一个不懂得爱家照顾家的不负责任的人。这种人根本就不配拥有家庭，他就应该一生飘零，就应该如同天上的浮云一样，无根无依。就这样，在李白又一次不顾她的恳求，决然背着行囊准备离开时，刘氏的心也彻底凉了，她绝望了。

她懊悔自己当初为什么要来，若是不曾来过，李白在她的心中就始终是那个潇洒风流的大诗人，始终是那个情趣高雅的酒中仙。她可以恋他一世，想他一世。可是正因为她来了，心中那个大诗人从此不复存在，剩下的只是一个对家庭不负责任的可恨的男人。

这一次，刘氏抢先带着行囊来到门口，她冷笑着看李白："这次我不会让你先走，这次我先走！"李白起初并没有弄明白刘氏的意思，直到几番确认之后，才明白刘氏所谓的走，就是要彻底离开。此举让李白有些惊讶，当时虽然已经很开放，但女子抛下夫君离开之事却十分少有。更何况，他自认并非庸才，当初刘氏也说过是倾慕他的才气所以前来投奔，如今这般横眉冷对究竟是为何？

李白终究是不懂女人的心的。既然刘氏敢爱，那么她自然也就敢恨。既然她可以不要名分只身前来与他做夫妻，她自然也就能抛下一切放弃这段姻缘。她来也好，去也罢，都是她的自由。她从来都没将自己绑定在李白的身上，她既然是因为倾慕李白而来，当这份倾慕之心离去，她自然也就没有了留下的道理。

刘氏是第一个与李白有过交往又弃他而去的人。在这个女人的身上，李白感受到了前所未有的挫败感。哪怕奔波十几年无法入朝，都不如这份挫败感来得强烈。最后李白无力地问她："我只想知道，为什么？"

刘氏冷笑："因为我看错了人！因为你根本就是一个一事无成的人！你看看你，奔波了这么多年，交下了这么多朋友，哪个朋友对你是真心相待？如果他们对你真心，为什么没有一个人在朝廷中推荐你？为什么眼看着你这么四处奔波，他们就是不愿意在皇帝面前多说两句好听的？因为他们根本就不重视你！他们只是把你当作一件欣赏品，当作一件可以把玩的艺术品！谁会去向皇帝举荐一个艺术品呢？就算皇帝喜欢艺术品，他们也更愿意把这个艺术品留在自己的手里！为什么那么多人喜欢邀请你到处去玩？就是因为他们把你当作一种身份的象征！你的政治抱负对他们来说根本就是一场笑谈！他们在意的只有一点，就是你能让他们在酒席之上喝得更痛快，更尽兴！”

这番话说得李白哑口无言。他想反驳，却又不知如何反驳。是的，他结交的都是当朝权贵，这么多的权贵，为什么就没有一个人愿意向朝廷举荐他呢？刘氏帮他想到了一个原因，而他却找不出另外一个更有说服力的原因来驳倒她。女人也是一种有趣的生物，当她温柔时，她的口中仿佛是含了蜜糖，说出来的都是让人喜悦让人欢喜的话；而当她冷酷时，她的口中就如同含着沾满毒药的利刃，每一句话都像在剜人心肝。

刘氏的话大概是李白这辈子听到的最恶毒的话了。她将李白的整个人生全部否定了。他的文采，在她的口中变成了供人取乐的玩物；他的口才，在她的口中变成了酒中助兴的工具。一身傲骨的李白，就这样被她说成了一个上蹿下跳的小丑。可怕的女人啊，哪怕她已经决定离去，她也要先将男人刺得遍体鳞伤方才罢休。

李白的声音有些发颤，他又一字一句地问：“你当真这样认为？”其实他若不问还好，他问得越多，得到的也只是越多的伤人的话语。刘氏果然冷笑道：“李太白啊李太白，我将话放在这里，他日你将会用你的后半生来证明我所言非虚。你这一生都不会有什么大作为，你只是一个被人把玩的观赏物，永远只是个观赏物而已，你所谓的政治抱负不过是一个笑话。如果你愿意做一个观赏物，那你反而能活得更从容一些！”说完，刘氏算是彻底痛快了。她将早已准备好的行囊带在身上，坐上李白打算坐的马车，嘱咐车夫带她回到她的安陵老家。她从那里来，自然也要回那里去。这一段短暂而荒唐的经历，就当是她人生中的一次教训吧。李白潇洒，她要比他更潇洒。她这一次潇洒的转身，有人说她找回了女人的尊严，在那个时代能做出这样的行为，是十分难得的。也有人说她有眼无珠，未能看到李白的前途。

不论如何，她反正是受够了。就算李白真的飞黄腾达了，那也与她无关。而且她已经看透，即使那时候她仍留在李白的身边，他的欢乐和喜悦，也依然是与她无关的。

天生我材必有用

仰天大笑出门去，我辈岂是蓬蒿人。

——李白《南陵别儿童入京》

被刘氏伤透心的李白不愿再留在安陆，他变卖了家中财产，带着一儿一女移居鲁地。在那里，他结交到了当地一位十分有名的道士吴筠。其实在当时，凡是有一点道行的道士，对李白都会多多少少有所耳闻。因为李白无论是行文风格，还是行事之道，都遵从了道家思想。也正因为如此，他才能不论走到哪里，都会与当地的道士成为莫逆之交。李白虽未潜心修道，但他已经是以身行道了。

吴筠对李白很是赏识，尤其喜爱李白的诗文。就在他与李白相谈甚欢之时，一纸诏书将吴筠召去京城。唐朝是十分崇尚道教的，皇帝召见当世知名道士那也是常有的事。其实李白想要见到玄宗，得到玄宗青睐，最好的办法就是成为一个名副其实的道士，那样的话，他走进京城的可能性反而会更大些。可惜的是，要么他不曾想到这一点，要么是他想到了，却不愿意耍这种小聪明，小伎俩。有傲骨的人总是有着一股钻牛角尖般的执着。

吴筠不能再与李白相伴，他必须立刻出发，李白目送他离去，心中难免伤感。眼看着曾经的朋友一个一个都见到了皇帝，只有他，只有他还在这里默默努力，默默等待，等待着某年某日，来自玄宗皇帝的垂怜。

吴筠来到京城之后，少不得被玄宗询问一些关于求道方面的事情。他们在道学方面做了一番交流之后，吴筠不经意间向玄宗提起了李白的名字。意外的是，玄宗表示早已得知李白的大名了。一是司马承祯早在玄宗面前提起过李白，二是素来喜爱与道教人士交往的玉真公主也在玄宗面前多次赞美李白。吴筠见此，便趁热打铁，向玄宗大力推荐李白，又给玄宗看了李白的许多诗作。玄宗看后，果然大为欣喜，当下便发出诏书，召李白入京见圣。

那时正是天宝元年，国家改了年号，李白的命运也从那时起发生了转变。玄宗的诏书一连下了三次，足以见得玄宗对这场会面是多么渴望和急切。期盼了十几年，李白等的不就是这一刻的来临吗？幸福到来得这样快，这样迅速，简直宛若在梦中一般。他恨不得向全世界宣扬他的喜悦之情。他想起之前离他而去的刘氏，他始终认为刘氏之所以离开他只是因为看不起他，这一次他接到了玄宗的诏书，总要好好寒碜那女人一番。

于是他写下了那首《南陵别儿童入京》："白酒新熟山中归，黄鸡啄黍秋正肥。呼童烹鸡酌白酒，儿女嬉笑牵人衣。高歌取醉欲自慰，起舞落日争光辉。游说万乘苦不早，著鞭跨马涉远道。会稽愚妇轻买臣，余亦辞家西入秦。仰天大笑出门去，我辈岂是蓬蒿人。"

这诗与其说是写给他的子女，倒不如说是写给那远在安陵的刘氏。他自比朱买臣，认为刘氏是个愚蠢妇人。现在他的时代终于要到来了，那身在安陵的刘氏不知道有多懊恼悔恨，一想到这里，李白就觉得十分痛快。也许是因为压抑了太久，等待了太久，他才会一时间这样得意忘形吧。其实对一个已经对他死心的女人来说，他过得是好是坏，与她又有什么关系呢？

当然，兴奋过后，李白必须立刻准备妥当去往长安面圣。他就如同一个未经世事的小伙子去见他心爱的姑娘一般，竟有些羞涩，有些忐忑。临行之前，他的心中对玄宗做出了许多设想。从来他只是听别人讲当朝皇帝如何如何，他始终未能亲眼得见，这一次，他总算可以与玄宗面对面交谈了。那一年他四十二岁，倒还不算太晚。

玄宗对这场会面十分重视。当玄宗坐在金銮殿上，看到衣袂飘然的李白潇洒走上来时，他终于明白为什么那么多人喜爱李白了。李白的确是那种让你看了第一眼就会深深被他迷住的人。他仿佛根本就是不属于凡尘的，在他身上，有一种无形的仙气，你看不到，但你能感觉到。那种气息会将人感染得忘记一切困苦，让人不由自主想要随他前去，仿佛只要跟上他的脚步，就能登上云端了。

一时间，玄宗忘记了自己应当高坐金銮殿，他不由自主地从座位上起身，亲自上前迎接这位伟大诗人的到来。为了表达他的敬意，他还请李白坐在了皇座一旁的七宝床上。他将宫人为他准备的羹汤端起来，轻轻调制几下，送与李白喝。整个过程殷勤得让人不可思议。更不可思议的是，当时朝上的其他人竟然并未觉得有何不妥。他们反而觉得，对于李白这样的仙人，皇帝有这样的态度也是应当的。

李白来此之前，心中得意自不必说。而当见到玄宗之后，他的心境变得坦然了。因为他忽然发觉，自己多年来渴望得见的皇帝终究也只是一个普通人，只是一个权力比较大的人而已。他也与常人一样有着七情六欲，有着人性的弱点和本能。只不过，玄宗固然是一个普通人，但也是一个独一无二的普通人。只有玄宗，才能帮李白实现政治理想；只有玄宗，才能给李白一个肆意发挥的天地。

李白就这样留在了京城。玄宗将李白封为翰林待诏，这是一份只为皇帝工作的差事，也是与皇帝接触最多的差事。李白对此十分满意，那时他想得还很简单，他以为只要来到京城，只要来到皇帝的身边，他就能大展拳脚，在历史上写下漂亮的一笔。其实他早已在历史上写下许多笔了，他若能得知千年之后，人们传诵最广的便是他的诗篇，人们最在意最喜爱的也只是他的诗篇，不知他是否还会有当官的打算。

玄宗对李白自然是十分赏识的，但这份赏识只停留在他的文采和潇洒的风度上。对于他的政治才能，玄宗基本是无视的，若他能提出有用的观点，玄宗自然欣喜，若他提不出什么观点，玄宗也毫不在意。当初他召见李白，本就不是为了让他辅佐自己治理江山。不过一开始，李白并未注意到这一点。

李白来到朝廷，实现了他十多年的愿望。他自然是打算有一番作为的。他经常与其他大臣在一起讨论国家之事。一般在这种时候，对于他说的话大家也就是听听罢了。或许是感觉到了大家对他的轻视，李白决定做出一点成绩来。那一日，玄宗忽然心血来潮，让李白起草一个《和蕃书》。李白几乎是想也未想，大笔一挥一蹴而就。玄宗拿来看，发现这文章写得有礼有节，文笔洋洋洒洒，读起来荡气回肠，在宣扬了大唐之威的同时，又不忘对少数民族表达友好之意。这文章写得几乎是完美的，这样的文章，有些大臣可能用上几天几夜也写不出来，而李白却能一气呵成写出来，这足以说明李白不仅仅有文采，也有着十分聪明的政治头脑。

后来，李白的《和蕃书》经常被人拿出来，用以称赞他的才能，但是也仅限于此了。就算玄宗对他赞赏有加，还是不愿意让他过多参与政治。玄宗究竟是怎么想的，这谁也琢磨不透。也许是他不想李白也如其他大臣一样，因为过多议论朝政而变得面目可憎；也许是他觉得掌管国事的人已经足够多，不需要再添一个李白了；又也许是他太爱李白的潇洒，希望李白能一直潇洒下去，不愿意他愁眉苦脸思索国家大事。

不论出于何种理由，总之李白在朝的几年里，玄宗始终不曾将其重用，这也是后来李白离去的最直接的原因。当然那时沉浸在被看重的喜悦中的李白尚未意识到这一点。那时候李白还在对成为玄宗跟前的红人而扬扬自得，并做了许多诗章来表达他欢喜的心情。

一日，玄宗想要去骊山泡温泉，他与李白身边的每一个好友一样，不论去哪里，都想带着李白一起去，哪怕是去泡温泉。这对一个大臣来说，当真是莫大的殊荣了。如果玄宗并非皇帝，那么他一定会成为李白众多好友中的一个，可惜他是皇帝，这就注定了他与李白的关系只能是君臣，而无法成为知己。

那一次骊山温泉之行，让李白十分难忘，归来之后，他写了一首《驾去温泉后赠杨山人》：“少年落魄楚汉间，风尘萧瑟多苦颜。自言管葛竟谁许？长吁莫错还闭关。一朝君王垂拂拭，剖心输丹雪胸臆。忽蒙白日回景光，直上青云生羽翼。幸陪鸾辇出鸿都，身骑飞龙天马驹。王公大人借颜色，金璋紫绶来相趋。当时结交何纷纷，片言道合惟有君。待吾尽节报明主，然后相携卧白云。”

这首诗一方面表达了李白对目前境况的满意和欣喜，另一方面，他又对那些当初对他冷言冷语如今对他阿谀奉承的大臣讽刺一番。若他懂得官场，他就会明白，昨日冰今日火只是这群官场中人的常态。对此，很多人早就习以为常了。只有对官场缺乏了解的李白才会将这件事拿出来讥讽。他的讥讽自然得罪了很多人。李白也许真的很有才华，也许他真的能够辅佐玄宗更好地治理江山，但他却并不适合做官，完完全全不适合。

男儿百年且乐命

花间一壶酒，独酌无相亲。

举杯邀明月，对影成三人。

月既不解饮，影徒随我身。

暂伴月将影，行乐须及春。

我歌月裴回，我舞影零乱。

醒时同交欢，醉后各分散。

永结无情游，相期邈云汉。

——李白《月下独酌》

玄宗封李白为翰林待诏，这个职位是专门为玄宗草拟各种文告诏书的，说白了就是一个代笔文官。也就是说，玄宗要用的，只有他的文笔，只有他妙笔生花的本事。他要写的，只是玄宗想说的，至于玄宗没想过的，他没有任何多嘴的权力。这样的职位，初时做了还觉新鲜，做久了就没意思了。这个职位的无聊程度，简直比史官更甚。

好在李白在宫中的日子并没有那样无聊，因为玄宗除了爱他的文采，更爱他这个人。那时候李白成为了玄宗身边的红人，当宫里要举行宴会，或者是皇帝想要离宫游玩之时，身边必不可少的便是李白。李白总是很会调节气氛。在酒席上，若是有李白的存在，你会觉得最平常的酒也变成了人间佳酿，最平常的饭菜也能让人吃得津津有味。从前李白的许多好友求而不得的日子，此时此刻，玄宗正在享受着。

那一日，玄宗正与后宫众人饮酒作乐，在席上，婀娜多姿的舞者翩翩起舞，管弦乐师卖力奏乐。这样的场景，玄宗已经经历太多次，实在是不觉新鲜了。这时他忽然想起了李白，想起了那些李白在民间时候的传说。这一次，玄宗皇帝也想附庸风雅，学一学民间的雅士，在酒席中作诗助兴。当世第一大诗人就在他身边为官，这样方便的条件，若不利用岂非可惜？想到这里，他下令召李白觐见。

李白奉命来到，玄宗邀请他饮酒。宫中的酒，自然是外面的酒比不了的。皇帝的酒那当然是绝世美酒。李白固然碍着君臣之礼不敢放肆，但有美酒在前，一代酒仙怎能经得起诱惑？他终于还是坐在席间，和众人一起痛快饮了起来。李白一喝酒，就容易诗兴大发。再加上玄宗邀李白作十首《宫中行乐》的律诗，李白当下便挥笔而就，很快将十首诗呈于玄宗面前。这十首诗写得洋洋洒洒，字迹更是潇洒非凡，玄宗看了大为喜爱。自那以后，但凡有酒宴盛会，玄宗都要将李白叫去作诗助兴。

那一日春夜醉人，牡丹已然盛开。唐玄宗与杨贵妃携手在沉香亭观赏牡丹。为了让这场牡丹盛会显得更加优雅，玄宗下令让李白即刻进宫赋诗几首，赞美这亭中牡丹。

那时李白正在与崔宗之、贺知章等朋友饮酒畅谈。皇城再美妙，仍然不如与这班朋友在一起时自在。只有在他们身边，李白才会喝醉，才会敞开胸怀去醉，肆无忌惮地醉。当李龟年来到李白府上，看到已经醉得七荤八素的李白时，虽然无奈，为了不违抗圣旨，他也只有把醉醺醺的李白拉到宫中。

来到玄宗与杨贵妃跟前时，李白仍然没有醒酒。这春风本就醉人，加上花香怡人，李白怎么可能醒呢？他甚至还没有意识到自己已经来到皇宫了，还觉得自己在朋友的酒宴上，还高喊着劝酒之词。他的这副模样，在场人看了，无不暗暗发笑。为了让他尽快作出诗章，周围人手忙脚乱地开始伺候起这个大诗人。这边有高力士殷勤为其脱靴，那边又有天下第一美人杨贵妃为其捧砚。李白隐隐约约意识到有人要他作诗赞美牡丹，便接过毛笔，着了墨后，在纸上洋洋洒洒写下三首《清平调》。

其一："云想衣裳花想容，春风拂槛露华浓。若非群玉山头见，会向瑶台月下逢。"其二："一枝红艳露凝香，云雨巫山枉断肠。借问汉宫谁得似，可怜飞燕倚新妆。"其三："名花倾国两相欢，长得君王带笑看。解释春风无限恨，沉香亭北倚阑干。"

这几首诗表面上是在描绘牡丹之美，实则是在赞扬杨贵妃的美丽。与李白以往洒脱不羁的诗词相比，这几首着实是带了些讨好与谄媚的。这大概是因为李白实在太渴望在朝中大有作为了吧。然而不论李白是何等心思，至少这几首诗的文笔构思都是很美的。

只是这种喧闹场景，此等庸俗不堪附庸风雅的聚会，难免让人联想起李白与元丹丘、元演、孟浩然、贺知章等人在一起时的那份清雅。这宫廷之内固然有着李白的理想与抱负，但在这里，他只是一个供众人取乐的工具。李白本是云上谪仙之人，如今却与高力士等人混在一起，这让人怎能不惋惜，怎能不痛心？其实在这里，他的诗文写得是好是坏，谁会在意呢？人们要的只是一种气氛，一种与时俱进的流行而已。再联想起那些希望求见李白多年而始终未能相见的真正理解他的文人，此刻的场景实在让人唏嘘不已。

李白素来以诗文结交天下文人。他的诗早已可以使他名扬天下，但他偏就不知足，他偏偏就希望能够入朝为官。如今他入了朝，也做了官，得到的是什么呢？不过是一点儿自我满足与扬扬得意罢了。

好在李白并非孤身一人。他还有贺知章、崔宗之等好友常与他相伴，后来元丹丘也奉诏来到长安，当年好友得以相聚，自然是让人分外开心。那时候贺知章已经八十五岁了，当他第一眼看到李白时，他竟然情不自禁地喊出：“谪仙人！”为了与这位仙人来往，他将自己身上佩带的金龟摘下，用来与李白换酒吃。

除贺知章外，还有几位爱酒的好友，这几人时常在京城中聚在一起，把酒言欢，饮酒作诗。其中包括崔宗之、李適之、李琎、张旭、苏晋、焦遂，他们八人在当时并称为“饮中八仙”，也成为了当时京城的一段佳话。关于这“饮中八仙”，杜甫后来有过极为传神的描写：“知章骑马似乘船，眼花落井水底眠。汝阳三斗始朝天，道逢麴车口流涎，恨不移封向酒泉。左相日兴费万钱，饮如长鲸吸百川，衔杯乐圣称避贤。宗之潇洒美少年，举觞白眼望青天，皎如玉树临风前。苏晋长斋绣佛前，醉中往往爱逃禅。李白一斗诗百篇，长安市上酒家眠。天子呼来不上船，自称臣是酒中仙。张旭三杯草圣传，脱帽露顶王公前，挥毫落纸如云烟。焦遂五斗方卓然，高谈雄辨惊四筵。”

而李白的酒仙之名，也正是从此诗中得来。

热爱饮酒的人，有一种是真的热爱，他们天生爱酒，不论境遇如何悲惨，只要有酒，他们就不会觉得太糟；还有一种是将酒当作麻醉自己的工具，只因世情让人太绝望，只有在酒醉之时心中才会觉得舒坦。这“饮中八仙”，自有爱酒之人，也有狂放不羁之人，但也不排除有人是心中烦闷，靠饮酒避世的。李白本是爱酒如命的，但在长安这段时间里，他喝得比往常更甚。从前，他还是抱有希望的，期盼有朝一日能大展宏图，但是当他来到长安之后，当初的希望反而成为了泡影。他的所有理想都成为了皇城中的一个笑话，这时候，他除了饮酒，当真是别无他事可做了。

本来，如果一切都是这样一成不变，或许李白也就会这么继续醉生梦死下去。好在万事万物都不会永远不变，事实上，这世界每时每刻都是在变化之中的。

那是在天宝三年，也就是李白来到长安的第三年，“饮中八仙”里年纪最大的贺知章忽然提出辞官归乡。他已经八十六岁了，也的确是应当回到家乡颐养天年的。但是他真正离京的原因自然不会这样简单。他已经一把年纪了，许多事情他都看得透彻明白，多年以来，他在酒中迷醉，指望可以无视许多东西，但是人哪，偏偏就越老越清醒，清醒到酒精也起不了作用了。

那一日，许多人都去为年迈的贺知章送行，其中包括当朝太子以及文武百官，他们在长安东门外的长乐坡上，浩浩荡荡地为这位老者送行。这样的仪式算是给足了贺知章面子。那场送行李白也参加了，在那样的场合上，李白这个大诗人自然免不了要为朋友送上送别的诗章。他当即写下一首《送贺监归四明应制》："久辞荣禄遂初衣，曾向长生说息机。真诀自从茅氏得，恩波宁阻洞庭归。瑶台含雾星辰满，仙峤浮空岛屿微。借问欲栖珠树鹤，何年却向帝城飞。"

这首诗说是写给贺知章看的，倒不如说是给当时的文武百官看的。诗中既表达了对贺知章求仁得仁的欣慰，又表示了对他的依依不舍之情。然而事实上，在那之前，李白早已为他写下了一首他真正想写的送别诗《送贺宾客归越》："镜湖流水漾清波，狂客归舟逸兴多。山阴道士如相见，应写黄庭换白鹅。"

这才是李白真正想对贺知章说的话，他从没想过让贺知章再回来与他们"饮中八仙"剩下的七人痛饮，他想的，只是贺知章能够真正心如止水地归去，能够安心修道，去那青山绿水中自在逍遥，不要再回到这个污浊之地了。

今时亦弃青云士

梧桐巢燕雀，枳棘栖鸳鸾。

且复归去来，剑歌行路难。

——李白《古风·登高望四海》

贺知章的离去大概是压倒骆驼的最后一根稻草了。事实上，三年的为官生涯，让李白早已厌倦不堪。他忍辱负重用诗文讨好权贵，为的只是他治理天下的理想。可是不论李白怎样努力，玄宗对他就是不看一眼。这倒应了当初刘氏的话，李白在皇城中，永远只是一个艺术品，是供皇帝观赏把玩和炫耀于人的工具。玄宗之所以把李白留在身边，目的只是为了给自己的皇帝生涯锦上添花。他并非给不了李白想要的东西，他只是不屑给，无意给。对玄宗来说，只要李白尽到他花瓶的职责就够了，其他根本不需要他来关心。

李白起初并不死心，在得到玄宗宠爱之后，李白时常在言语中向玄宗表达他的理想，并期望向玄宗说出他对天下格局的见解，指望玄宗能够重用于他。但是对此，玄宗只是不胜其烦。他不明白李白为什么非要在这个问题上较劲，对于京城中的官员来说，李白已经得到太多太多了。他算是真正得到了玄宗的宠爱，就连极力讨好玄宗的高力士，都不曾得到过如李白那样多的宠爱。该给的，玄宗都给了，为什么这个人就是不满足？为什么要放着轻松的差事不做，偏要自找麻烦？

那正是玄宗宠爱杨贵妃的时节。那后来，大唐发生了什么事情，但凡懂点历史的人都知道。玄宗重用外戚奸臣，自以为是，自信膨胀，最后发生了安史之乱，给这繁华而太平的大唐添上了不那么太平的一笔。在那样的时期里，李白想说动玄宗重用自己，又怎么可能呢？再加上李白这个人本来就不懂得讨好权贵，朝中上下得罪了一群人，这些人更加不可能让李白有机可乘掌握实权。

说到底，玄宗的不重用，根源还在于李白不懂得官场规则。如果李白能够利用他皇帝身边红人的身份，为自己拉拢一些能够为他讲话的官员，如果他能更圆滑一些，不去得罪那些奸佞小人，或许他的仕途不会这般坎坷，甚至或许整个大唐的故事都会因他而改写。但是他不懂，就算懂，也不愿意按那些规矩去做。正如他自己所说："安能摧眉折腰事权贵，使我不得开心颜"。

他固然是有理想有抱负的，但那还不足以让他彻底放弃自己的底线，从此沉浮于官场之中。一旦触碰到底线，他不会选择继续降低，而是彻底离开。

玄宗的态度，官场的黑暗，这些都让李白彻底寒心了。当看到贺知章离去，想到今后这位忘年之交能够潜心求道，说不定还能在山中羽化登仙，李白就有说不出的羡慕。他的心思再度活泛了。京城留他三年，已经够久了。对于李白这样活在路上的人来说，这已经是长安大地莫大的荣耀了。三年了，当年他在终南山守望长安三年而悻悻离开，这一次，他再度决心离开。长安的确是个宝地，是个绝美的"佳人"，可惜，不属于他。

李白一旦下定决心，他就不再隐藏自己的锋芒。他不再去用他引以为傲的文采去讨好权贵，更加不愿再去参加玄宗那些无聊透顶的酒席。自贺知章离去，李白便很少入宫。玄宗每每召他入宫，他都是以各种理由推辞，有时说是酒醉，有时说是身体不适，总之，只要能不去，他是绝对不去了。皇宫内的酒就算再香，也因沾染了皇室气息而显得不那么可爱。相比之下，还是乡野之中的多年纯酿才最是醉人。

许是因为压抑太久，李白对玄宗的怨气也一发不可收拾，并将这些怨气附于诗文之内。他在《古风》中写道："燕昭延郭隗，遂筑黄金台。剧辛方赵至，邹衍复齐来。奈何青云士，弃我如尘埃。珠玉买歌笑，糟糠养贤才。方知黄鹤举，千里独裴回。"

越是不得志，李白就越是思及燕昭王，想到燕昭王为了得到郭隗而筑造黄金台的故事，李白就觉得自己生不逢时。他满怀着一腔政治抱负来到长安，但那高高在上只知玩乐的皇帝却将他弃如尘埃。那愚蠢的皇帝用黄金、宝玉去买歌助兴，却用最廉价的糟糠来招待当世贤才。这样的皇帝，还有谁会为他效忠呢？倒不如同黄河一般飞往他处，独行千里的好。

在《古风·登高望四海》中，李白又写道："登高望四海，天地何漫漫。霜被群物秋，风飘大荒寒。荣华东流水，万事皆波澜。白日掩徂辉，浮云无定端。梧桐巢燕雀，枳棘栖鸳鸾。且复归去来，剑歌行路难。"

那时候李白经常独自一人登高望远。曾经，他以为进入皇城之后，他的所有苦闷都会结束，所有抑郁都会一扫而光，谁料到，皇城之中的苦闷较过去只是有过之而无不及。若说过去他的苦闷还可被他乐观的心态平衡，如今他的苦闷却是让他再难保持往日的乐观了。他举目四望，除了望见茫茫无际的天地，他几乎是什么都看不见的。一切都被冰霜覆盖在下面，露不得头，寒风吹来，只让这大荒之地显得更加落寞。所谓的荣华富贵不过是东流之水，一去不复返，凡尘之事亦不过是这海浪之上的一点波澜。当风平浪静之后，曾经发生过什么，曾经荣耀过什么，又有谁会记得，谁会在意？那些飘浮不定的无甚轻重的浮云，竟可以将太阳的光辉遮蔽在云后。而那本来只有凤凰栖居的梧桐树上，此时筑满的只是燕子和麻雀的归巢。高贵优雅的鸳鸯，此时却栖息在多刺的荆棘之地。

这一切的场景都是那般不可思议，天地仿佛反转，人间也失去正气。这样的世界，多停留一刻都是对自己的折磨！不如就这样，高唱着行路难，然后归去。

一开始，李白还曾抱着“大隐隐于市”的想法，打算在长安多忍耐一段时间。但当朋友们一个一个都离开京城，李白也终于放弃留在长安的想法。他这样乐观潇洒的人，本就不愿自己给自己找不痛快。

那是一个早春的清晨，又一位友人要离开长安了。李白总是这样一次又一次地送别友人。他甚至觉得，这样下去的话，到他离开之时，可能长安城中连一个送他的人都没有了。离别之时，李白为表达他的不舍之情，当下作了一首《灞陵行送别》赠与友人：“送君灞陵亭，灞水流浩浩。上有无花之古树，下有伤心之春草。我向秦人问路歧，云是王粲南登之古道。古道连绵走西京，紫阙落日浮云生。正当今夕断肠处，黄鹂愁绝不忍听。”

在这诗中，李白既是在为友人送行，也表达了自己即将离开的心意。望着友人的背影，李白也在心内草拟了准备不日上书玄宗的请求书。

对于玄宗，李白曾经抱以许多不切实际的幻想。他以为玄宗能够给予他一个足够他施展的政治舞台，以为他最终实现理想的关键就在玄宗的身上，正是抱着这种想法，才让他十几年如一日地以见到玄宗为最终目标。他曾经想过，只要见到玄宗，他就一定能得到玄宗的赏识，一定能获得朝廷的重用。那时候，就是他施展拳脚的大好机会了。

谁知道，虽然他真的得到了玄宗的赏识，却并未得到重用。当然，这并不能单怪玄宗。事实上，玄宗也曾经提出过让李白参与朝政，但都被朝廷中的一些大臣否决了。他们找出各种各样的理由，拒绝让李白得到实权，玄宗耳根子软，自然也就听了他们的话。而这些大臣，他们一力否决李白的原因只有一个，那就是，他们看不上李白，他们就是看不上那个居高自傲、不懂圆通的人！在官场上，傲气这东西最是惹人厌烦。

当然，李白得不到重用的根本原因仍是在于玄宗。若是明君在世，他根本不会听信那些小人的谗言，他只会相信自己的眼光，重用有才华的人。

而这些都已经不再重要，因为无论如何，李白不会再为玄宗效力了。玄宗打碎了他十几年的梦，这也未尝不是一件好事，至少他可以彻底看破，可以从此真正放浪形骸，做他的潇洒谪仙人了。

当李白上书请求还山时，玄宗并没有对他多加挽留，而是直接应允了。其实对于李白意欲离去之事，玄宗是早有感觉的。他虽然耳根子软，却并不是傻子。一个几次召请都不来、一个不再殷切陪伴在自己身边、每日里总是醉生梦死的臣子，说他还心系朝廷，也无人相信。留是留不住的，既然留不住，就无须强留闹得不愉快。玄宗干脆对李白“赐金还山”，一方面顺水推舟，一方面也为自己留下了惜才爱才的美名。

李白就这样离开了长安，与前次不同，这一次他是真正离开了，决然而潇洒。辞京之时，他留下了一首《东武吟》，比起初次离开长安时他作下的三首《行路难》，这一首诗倒是洒脱得多，也淡然得多了：“好古笑流俗，素闻贤达风。方希佐明主，长揖辞成功。白日在高天，回光烛微躬。恭承凤皇诏，欻起云萝中。清切紫霄迥，优游丹禁通。君王赐颜色，声价凌烟虹。乘舆拥翠盖，扈从金城东。宝马丽绝景，锦衣入新丰。倚岩望松雪，对酒鸣丝桐。因学扬子云，献赋甘泉宫。天书美片善，清芬播无穷。归来入咸阳，谈笑皆王公。一朝去金马，飘落成飞蓬。宾友日疏散，玉樽亦已空。才力犹可倚，不惭世上雄。闲作东武吟，曲尽情未终。书此谢知己，吾寻黄绮翁。”

这首诗算是写尽了他在长安这三年的情感变化。当年初来长安，玄宗亲自迎接李白，那时候他是何等风光，何等荣耀。然而，当他看到那荣耀背后的腐朽时，他总算明白了这个官场并不适合自己。所以，他与每一个选择离开的人一样，也以归隐山林作为自己接下来的人生打算。

如果一个皇朝中，贤良之才一个接一个地黯然离开，那么说明这个皇朝距离动乱之时也不再遥远了。

第四章

我本楚狂人

千里江陵一日还

长安白日照春空，绿杨结烟垂袅风。

披香殿前花始红，流芳发色绣户中。

——李白《阳春歌》

一个时代的结束，意味着另一个时代的开启。当李白不再钟情长安，不再追逐玄宗，他的时代也终于进入了一个崭新的篇章。在从长安回到鲁地的途中，他将会经过一个他曾经停留过的城市，那座城市名叫洛阳。在洛阳，他曾经听到过一曲《折杨柳》，惹他思乡心切。从那之后，在李白的印象中，洛阳就是一个曾经拨弄过他心弦的城市，是一个感性的城市。就在那个城市附近不远的地方，那时那刻，有一场浪漫的邂逅正在等待着他。只不过，坐在马车上匆匆赶路的他并不会预知到这一点。

那大概是李白最为轻松畅快的时候了。他终于能够放下心中包袱，终于能够毫无愧疚地继续自己游历四方的生涯。一想到这里，他就觉得整颗心都无比舒畅，仿佛下一刻就要飞起来。马车匆匆赶路，惹得路上的尘土飞扬，天色将晚，李白必须要找地方住下，休息一夜，明日再继续赶路。他还记得这条路，记得前方不远处，便是陈留。今夜，他就要在那里做些许停留。

与李白的轻快刚好相反。此时在陈留，有一个年轻人，他的心情比任何人都要沉重，因为他来到此地只有一个目的：奔丧。就在不久前，这个年轻人的祖母离开了人世，离开了爱她、敬她总是多愁善感的小孙子。年轻人听到这个消息后，立刻大哭一场，然后匆匆离开自己居住的洛阳，急忙赶来陈留，期望能在祖母入葬前，再见到亲爱的祖母一面。

好在老天怜悯年轻人的孝心，他终于及时赶到那里，在祖母下葬前的最后一刻，见到了陪伴他从小长到大的祖母。祖母的脸上很安详，看样子走时没有丝毫痛苦。这总算给年轻人一个心理安慰。然而，一旦思及祖母在临死前都未能见到自己，年轻人就觉得心都要碎了。这个年轻人与李白一样，都喜欢作诗，在当时，虽然与李白的大名完全不能比，但他也算是小有名气了。一般作诗能够作到有名气的地步的人，都有一个共同的嗜好，那就是酒。

当夜，这个年轻人来到附近的客栈，要了许多坛酒。他想要用酒来麻醉自己，让他能够暂时忘却未能见到祖母活着时最后一面的遗憾。他一杯接一杯地饮着，无奈总也喝不醉，既然喝不醉，就只有继续喝了。世上最难下咽的便是苦酒，偏偏这年轻人杯中之酒，更是苦中之苦。

这时，他只听邻桌旁，有一人高声呼道："店家！为我准备上房，再为我上来十坛好酒！"这声音清朗轻快，十分悦耳。年轻人好奇地朝说话人的方向望去，若是他不曾望过去也就罢了，这一望，他简直是惊呼出声："这是哪位仙人下凡了？"

这并非是他喝醉了产生幻觉，也并非是他故意夸张，因为映入他眼帘的就是这样一个如仙人下凡般的人物。当贺知章第一眼看到这个人时，第一反应和这个年轻人一样。事实上，哪怕是当今圣上，第一眼见到他时，亦是与这年轻人有同样观感。当今世上，能让人一眼看去便疑为仙人的人，恐怕就只有那一个了。

年轻人抱着忐忑的心思，放下酒杯，来到那人的跟前，小心询问道："阁下可是太白先生？"那人听到这未曾谋面的年轻人唤出自己名字，有些惊讶，他笑道："正是在下，你从何得知？"那年轻人万万没有想到在此偏僻之地竟也能见到心中最为钦佩的当世名人，忙自我介绍道："在下姓杜名甫字子美，早已仰慕先生多年，竟在此地偶遇，实乃三生之幸！"

这个年轻人就是杜甫，这个名字在许多年后与李白的名字一同响彻大江南北，但在当时，他只是个小有名气的书生。李白也没想到在这样偏僻的地方，能见到对自己仰慕的人，这简直是上天赐给他的可以畅快饮酒的伙伴，加上他最近本就心情不错，立刻喜笑颜开道："原来是杜老弟！既然得见，何须多言？来来！喝酒喝酒！"

没想到偶像的第一个要求就是喝酒，杜甫心下反而坦然。若是要求对拼诗作，他肯定是忐忑万分的，但若说起饮酒，杜甫到现在倒是真的没服过谁。能与偶像共同饮酒本就是一大幸事，若能将偶像喝倒，就更能增进感情。当下杜甫便做了决定，亦附声道："既是先生提出，怎敢不遵从！"说罢，他将自己桌上的酒全部搬到李白的桌旁，并坐在李白对面，二人你一杯我一杯地痛饮起来。

李白本以为，遇到一个认识自己的人便非常不容易，所以没必要对对方太苛刻，反正他只是想自己痛饮一番，至于对方喝多喝少他并不会强求。万万没有想到的是，这个名叫杜甫的年轻人竟真的同他拼起酒来！更加没想到的是，这个年轻人的酒量竟然与他不相上下！李白发觉自己当真要对杜甫刮目相看了。他不再作轻松状，而是开始拿出真功夫，认认真真与杜甫拼酒。杜甫见此，更是铆足力气，他早听说李白十分嗜酒，但还从未得见，这一次，他一定要好好见识一下，这个能写出"但愿长醉不愿醒"的人，酒量有多大。

这一场酒，也不知道是谁先醉倒了。他们甚至忘记了如何离开酒桌，如何在店小二的帮助下相互扶持来到楼上。醉得太过模糊，一切都变得不再清晰。唯一能留在记忆中的，只有店小二的几声叫骂，以及一阵响天彻地的鼾声。

第二日，当杜甫醒来的时候，他只觉得浑身疲累。他很久没有醉得这样狼狈了，当视线变得清晰时，他看到躺在他床上的还有另外一个人，他想起来这人便是他崇拜多年的当世文豪李太白。由于杜甫的动弹，李白也从酣睡中醒过来。见到杜甫，李白先是一愣，接着也同杜甫一样思及昨日之事，然后大笑起来。杜甫也不由得跟着大笑。两人越笑越收不住，直到二人都直咳嗽了，才总算渐渐停下来。

这恐怕是最有趣的一场邂逅了。

正是春花灿烂的时节，这两个人一见如故，很快就变成了无话不谈的好友。在与杜甫攀谈的过程中，李白发现眼前的年轻人与他以往结交的知己都不相同，这是一个真正的，让人惊艳的才子。这个年轻人的才华与他其实不相上下。只不过杜甫小了李白十二岁，开始作诗的年份比李白晚，所以名气才没有李白大。若是李白晚生十年，或是杜甫早生十年，他们恐怕就会成为当世双杰了。

当然，现在开始还不晚，尽管目前他们的名气不可同日而语，但是李白相信，他日，杜甫之名必然与李白之名并驾齐驱。不过这些所谓的名气，对此时的李白来说已经无足轻重了。名气再大又如何，还不是得不到重视，还不是无法适应官场？所谓名，所谓官，这些都是虚的空的，只有真正的才学才是实实在在的。

李白本还担心离开长安之后自己会寂寞，此时他终于可以收起自己的担心了。当他得知杜甫此时正闲居在洛阳时，便旁敲侧击地问杜甫是否愿意与他同游大江南北。李白很少主动邀请别人，通常情况下，都是别人邀他而不得，所以对主动邀请这事，李白多少有些小心翼翼。谁知道杜甫听出李白话语之意时，竟然立刻应允了，甚至好像就等李白提出这个要求一样。

当真是太棒了！李白知道，接下来的很长一段时间里，他都不会觉得寂寞了。正如他所期望的那样，在陈留做短暂停留之后，杜甫决意与李白共同四处游历。如果说一开始李白还有归隐嵩山的打算，那么当与杜甫见面之后，李白则改变了主意。他得到了一个新的朋友，一个让他惊喜的朋友。有这样的好友相伴，他怎可就此浪费？他当年云游四方的心又复活了，再加上杜甫与他完全一心，当离开陈留之后，他们便开始了共同游历四方的行程。

金尊清酒斗十千

骏发跨名驹，雕弓控鸣弦。

鹰豪鲁草白，狐兔多肥鲜。

——李白《秋猎孟诸夜归置酒单父东楼观妓》

时值金秋，在中原的大地上，草木已经不若春夏之时那般繁盛。在平原地带，一些有着闲情逸致的人很喜欢骑马狩猎。在山东的单县与河南的商丘之间，有一个孟诸之地，在那里，有一片方圆五十千米的荒原。到了秋日，附近的许多人都会前来此地狩猎作乐。李白与杜甫乃是文人书生，本来与狩猎之举挂不上关系。但李白本身具有一颗侠客的豪放之心，见到别人骑马飞奔，自己也跃跃欲试起来。杜甫见他如此，心头也涌起一股莫名的兴奋。

李白早先曾经练习过骑马，这一次，他是轻车熟路，直接跨上租来的马，绕着附近跑了一圈。杜甫可就苦了，在这之前，他并不曾练习过骑马，看到别人飞奔在荒原之上，他不愿只有羡慕的份儿，便努力在一旁练习。可惜，作为一个初学者，他要么无法上到马背，要么上去之后重心不稳跌落下来。李白见他此番模样，大笑起来，更显得杜甫狼狈万分。

杜甫无奈苦笑起来，这时候他总算明白了隔行如隔山的道理。看着那些在荒原上飞奔的人，他只有默默走在一旁，轻轻抚摸那匹他租来的温顺的小马。这匹小马其实也十分郁闷，它的性子并不烈，它也绝对没有为难杜甫，但是坐到它背上的杜甫就是东倒西歪。它虽然试着去平衡，但最终只是越搞越糟，结果自然是将杜甫跌落在地。其实杜甫的错误是大多数初学者都会犯的，当地人早已看习惯了，是以都不觉得杜甫这模样怎么狼狈。

李白跑了几圈之后，到杜甫身边停下来，含笑看他。杜甫也不恼怒，只问："你不去那边狩猎了？"李白笑道："狩猎虽然有趣，但我发现，看你练习更有趣。"杜甫无奈道："我没发现你还有这么恶劣的一面。"李白摇摇头，笑道："非也非也，只是看到你，就如同看到了当初学马的我。所以我现在改变主意了，我决定在这里教会你骑马！""那太无聊了。""绝不无聊！"这时，李白朝杜甫伸出手："上来！"

杜甫一愣："上你的马？"李白笑道："当然！只有上来了我才能教你啊！"杜甫不知该做出怎样的表情。虽然数日交往下来，他已经感觉到李白的狂放不羁，但要与他同骑一匹马，还是太荒谬，太夸张了。李白看出杜甫的犹豫，他一挑眉："怎么，不敢上我的马？"此言一出，杜甫马上否认道："上就上！莫非我还怕了不成！"说罢，他伸出手握住李白，李白用力一拉，便把杜甫拉到身前。有李白在身后坐镇，这一次杜甫稳了许多，终于可以不摇不晃地骑在马背上了。

就这样，这两个大男人骑着同一匹马，在荒原上飞奔起来，这在当时看来也算是一道奇景了。在他们所经之处，人们总不免要多看两眼，毕竟这种景象并不多见。好在这样的日子并没有持续多久。几日之后，杜甫已经可以顺利上马，又过几日，他也可以骑马飞奔了。在这些日子里，李白的注意力已经完全不在狩猎上，或者说，他已经把杜甫当作是他的猎物，杜甫学会骑马，就等于是他将猎物捕捉到了。

而当杜甫不再需要任何人的帮忙时，李白才重新将自己的豪情寄放在了孟诸之地的荒原上。他感慨于此地的壮美，作下一首《秋猎孟诸夜归置酒单父东楼观妓》:“倾晖速短炬，走海无停川。冀餐圆丘草，欲以还颓年。此事不可得，微生若浮烟。骏发跨名驹，雕弓控鸣弦。鹰豪鲁草白，狐兔多肥鲜。邀遮相驰逐，遂出城东田。一扫四野空，喧呼鞍马前。归来献所获，炮炙宜霜天。出舞两美人，飘飖若云仙。留欢不知疲，清晓方来旋。”

这真是真正的浪子才能写出的诗篇。如果说几年前，因为家中妻子的牵挂，李白还算有些节制，那么如今妻子去世多年，又经刘氏伤害后，李白算是终于解放了自己。再加上一直以来横亘在心上的理想的崩塌，李白再也不顾所谓的形象，开始从心所欲了。而这时的诗作，则是他这种心境的最完整的体现。

在诗中，他先是感叹了时光如流水，感叹了生命的短暂。人生只有那数十年，光阴每时每刻都在飞奔向前。也许你可以等待许久，可以耽误许久，但那流逝的光阴不会等待你，更不会纵容你的耽误。你多浪费一寸光阴，你也就真的少了一寸光阴。如果说这世上有什么是绝对公平的，那大概就是时光了。时光永远不会因为你身居高位或者身份卑微而加快或放慢它的脚步。

对李白而言，那追求官途的十多年，算是被他彻底浪费掉了。想到人生已经过去大半，自己却从来都没有放开胸怀去玩乐，他就觉得沮丧非常。若这世上真的有能够返老还童的圆丘草，那么李白实在希望可以采撷一株服下，但那只是美好的愿望而已。并且就在你做着那个不切实际的梦时，时光又流掉了一部分。

在这样转瞬即逝的人生中，汲汲营营拼命向上爬又有什么意义呢？倒不如与他李白一样，跨上骏马，将弓拉满，然后奔驰在这广袤的荒原上，痛快地狩猎！天高地阔，纵横奔驰在这天地之间，那是何等的豪情，何等的壮志！其时正是九月，草不若夏日时那般繁盛，兔子也好，狐狸也好，它们都已经无处藏身。在这种时候，一群人组上一个骑兵队列，在荒原上杀将出去，将那些肥美多汁的野味全都猎杀回来，然后将猎物集中，烧烤清炖，享受一顿美妙的饕餮大餐。还要再请两个美女来为大家歌舞助兴，并将她们留下欢乐缠绵，直到天亮。这就是人世间最大的乐事，最大的享受。当官掌权，纵横天下又怎能与这样的畅快相比？

尽管李白说得豪放，说得纵情，但这豪放中似乎总有些苦涩，这纵情中似乎也总有些放弃自我。有时候，人只有在拥有目标的时候，才会活得朝气蓬勃，若是这目标忽然消失不见了，人也就会变得萎靡，变得放纵了。李白离开长安后，没有选择一个名山大川归隐，反而选择了这样极端的游乐方式，只能说大概李白的郁结还没有真正解开，他心中的苦闷也还没有真正消除吧。

在孟诸之地，李白还遇到了长期在此地游玩的高適。高適早就听闻了李白的仙人之名，能得见李白，自然是喜悦非常的。又见到杜甫这位才华横溢的后起之秀，高適更是欣喜万分。三人就这样在附近同行起来，他们时常在一起抒发各自的政治理想。杜甫与李白不同，李白在没有见到玄宗之时，是十分希望能够入朝做官的，但杜甫则是一开始就没想过要进入朝廷。杜甫其实与元丹丘更相似一些，他从一开始就抱着求道之心。

只不过，一心求道并不代表与世隔绝。大唐此时正处于一个岌岌可危的境地。玄宗用人不淑，朝中上下都对他一片怨言。边疆民族在边界虎视眈眈，动乱简直就是一触即发。在这时，隐士也好，求取功名的书生也好，还是一心求道的人也好，没有人不关心国家命运，不担忧那很快就会到来的祸事。

也许是因盛世之境终究要走到末路，李白、杜甫与高適等人在游览名胜古迹时，总是会发出些对当世的感慨。他们经历了最好的时代，没人想在这个时候迎来动乱。可惜他们看到的东西，玄宗皇帝看不到。高適在《同群公秋登琴台》中写道：“古迹使人感，琴台空寂寥。静然顾遗尘，千载如昨朝。临眺自兹始，群贤久相邀。德与形神高，孰知天地遥。四时何倏忽，六月鸣秋蜩。万象归白帝，平川横赤霄。犹是对夏伏，几时有凉飙。燕雀满檐楹，鸿鹄抟扶摇。物性各自得，我心在渔樵。兀然还复醉，尚握尊中瓢。”这正是当时他们众人的心境。

当然，现在思虑未来的事还为时过早。何况就算天下真的出了事，他们这些讲不上话的书生又能起到什么作用呢？无非是投身军中，以身殉国罢了。事实上，后来高適也真的弃笔从戎了。那时候安史之乱已然开始，高適放弃自己文人骚客的身份，只身从军边塞。大概正是那段在边塞从戎的日子改变了他的心境，使得他的诗歌路子愈加豪放，并被人归为豪放派诗人。后来，他因为平定安史之乱有功，皇帝对他委以重任，官至散骑常侍，是以后人都称他为“高常侍”。

而那段日子里，高適还未从军，世上也没有高常侍，世上有的，只是几个或不得志或无心仕途的好友，在结伴过着人世间最逍遥自在的日子。但人生苦短，当秋风散去，冬雪飘来，狩猎的时节也结束了。高適也决定离开孟诸之地远游他方。朋友分别总是不舍，再加上冬雪催人情，李白与杜甫在高適离开之前又与其痛饮了许多美酒，才放高適离开。

玩也玩过了，疯也疯过了。狩猎既然结束，李白与杜甫也就该收起心性，去达成他们最初的目的了。他们此番同游本就是为了求仙问道，之所以在孟诸之地逗留，只是因为对此地的风土人情思慕已久。如今他们已经得偿所愿，将此地的欢愉都享尽了，他们也就了无遗憾，可以开始他们寻仙问道的生涯了。他们先是结伴坐船渡过黄河，接着来到王屋山拜访当时有名的道士华盖君，谁知当他们到那里时，华盖君早已仙去。悲伤之余，两人只能无奈离开。

至于当时李白为什么没有去寻找他的旧友元丹丘，这就不得而知了。其实若他与杜甫去访元丹丘，元丹丘一定能为他们引荐其他得道的道长，并能使他们受益匪浅。但李白没有如此，而且不久之后，杜甫因为其他事情，也与李白分开回到了洛阳。杜甫不是李白，李白可以放弃家中的一切，放开胸怀在外游玩，但杜甫不能，杜甫的心中总是牵绊之情更占上风。这也就决定了他不可能永远与李白同游，不论他多么想，都做不到。

杜甫离开之后，李白独自一人回到陈留，回到这个他与杜甫最初相识的地方。在那里，李白结交了当时在陈留的采访使李彦允。这个李彦允与李白还算是本家，他对求仙问道也颇有心得，他给李白介绍了一个求道的好去处，那便是历城。在历城有一个紫极宫，那里有着许多得道的名士。李白听从他的指引，便孤身一人前往历城。在紫极宫，李白接受了道教的授道。后来他又在安陵请来道士为他写道。这样几番下来，他便算是正式入了道教之门。

他曾经的理想，是希望在朝野之上大展拳脚之后，带着一身成就，功成身退加入道教。但他功成之日已是遥遥无期，只好及早退身，直接入教了。其实这都是他太过执着，就算他真的在朝廷中叱咤风云，也就只是一个比较出名的政客而已，最终流传千年的，仍然只是他的诗文佳作啊。好在他已经不再去想这些，如今的他，只剩下一颗向道的心了。

修道途中，他唯一的牵挂便是杜甫，他知道杜甫此时仍然身在洛阳。洛阳是大唐东都，虽非京都，但也是个充斥着官场气息的俗地。那里并不是杜甫这样的人应该停留的地方。李白几次致书杜甫，希望他能离开那里，与他共同在名川大山中云游隐居。

李白与尔同死生

雁度秋色远，日静无云时。

客心不自得，浩漫将何之？

——李白《寻鲁城北范居士失道落

苍耳中见范置酒摘苍耳作》

在分别许久之后，天宝四年，李白与杜甫在鲁地再度相聚了。正是万物复苏的春天，李白离开安陵，刚刚回到鲁地的家。杜甫将洛阳中的家事安排妥当以后，便匆匆赶去鲁地与李白相见。毕竟他们的缘分不会因上次的分别结束，他们说好了要一同去求仙问道，一同游遍四方的。

在鲁地会合之后，李白与杜甫二人再次踏上共同寻道的路。那时候，在鹊山湖附近，有一位名叫李邕的太守，他也是当时的一位名士，他不光写了许多好诗，还写得一手好字。他十分喜爱结交文雅之士，与杜甫和高適等人都有交情，在当时有着不小的名气。那时候，他的族孙李之芳正在齐郡任太守，为孝敬李邕，李之芳在鹊山湖刻意建了一座新亭子，方便李邕去那里游玩。李邕知晓杜甫此刻正与李白同游，他早就想见识见识李白这位当世的大诗人，便借花献佛，为杜甫修书数封，邀请李白与杜甫同去。鹊山湖也是一处别致的风景，热爱游历名山大川的李白和杜甫自然不会推辞，再加上李白的老朋友卢象也在那附近休养，此行还可探望老友，实在是一举两得的好事。就这样，李白与杜甫二人来到鹊山湖。在那里，李白与李邕也是一见如故，李白还写了《陪从祖济南太守泛鹊山湖三首》来纪念这次出游。这三首诗也非常轻松有趣，大概李白当时的心境正是如此。他先是带着玩笑的口吻，向李邕抱怨道："初谓鹊山近，宁知湖水遥。此行殊访戴，自可缓归桡。"

可见李邕在给杜甫与李白二人的书信中，必定是百般劝说，并说鹊山湖离他们当时所居之地十分近，从家里出发，很快就能到达。为了能见到李杜二人，这李邕还真是耍了不少的心眼儿。好在此刻的李杜二人并不在意这些，现在的他们有的是时间来挥霍，他们自可慢悠悠地划着船回家，正是优哉游哉。

当荡舟湖上之时，李白见了湖上之景，又笑道："湖阔数千里，湖光摇碧山。湖西正有月，独送李膺还。"这一趟出游，李白似乎很喜欢拿李邕开玩笑。之前说李邕骗他们路途很近其实很远，如今看到湖西处有月影，认为可以让李邕乘坐那月亮回家了。其实月影无形，又怎么可能载人归家呢？若月真可载人，那也是月仙了。莫非李白醉中笑谈，要送李邕去月宫与嫦娥为伴吗？

小舟再度向前方游去，李白又道："水入北湖去，舟从南浦回。遥看鹊山转，却似送人来。"这一次他没有再调笑李邕，而是调笑起这山这川了。看起来，好似这整个鹊山，都要起来送他们似的。是怎样的仙人豪情，才会展现这样的联想？

从李白这三首小诗就能看出，当时他的心境是十分轻松快活的。我们对李白的了解，多是来自他的诗篇以及他的友人对他只言片语的描绘。从那些描绘中，我们能够分析出一些李白的性格符号。他豁达，乐观，潇洒，偶尔喜爱开开小玩笑。但仅仅是这些符号，还不足以支撑起一个万人迷的形象。直至今日，我们想找出一个与李白类似的人，却遍寻不到。从古到今，我们实在找不出第二个人，能够让每一个见到他的人都为他倾心，为他着迷；我们更找不出第二个人，能让人一见到他的模样就觉得仿佛见到了仙人。所以到最后，我们只能恨自己未能生在盛唐，看不到太白仙人的风采了。

在与李邕同游期间，李白还写了一首《上李邕》:“大鹏一日同风起，扶摇直上九万里。假令风歇时下来，犹能簸却沧溟水。世人见我恒殊调，闻余大言皆冷笑。宣父犹能畏后生，丈夫未可轻年少。”

这首诗是李白在离开长安后，第一次讲出他心里的话。对于他的长安之行，有人认为那只是一场笑话，只是一场无聊的闹剧。但对李白来说，那是他最为艰难的三年。在那三年里，他为了理想而藏起锋芒，为了能够得到重用而作了许多逢迎之诗，但那一切，都只是他忍辱负重的策略。尽管他没有得到玄宗的重用，最后黯然离开，但人们不能因此就否定他在那三年所做的一切努力。

李白虽然并没有太深的城府，但是他也不会把所有想法都告诉别人，尤其是苦闷的想法。他总希望留给友人的是一个欢乐无忧的他，是一个无拘无束乐观开朗的他。相聚一场本就不易，他不希望因为自己的不快而坏了大家的气氛。所以，他总是将那些真正会惹人沉思的想法埋在心中，然后为友人们留下无尽的快乐。而这一次，他竟能写出《上李邕》这样的文章，或许是因为鹊山湖一行太过轻松，李邕此人又太过随和，才惹得李白将心中的话全部说出来了吧。

李邕是一个性情温和的老者，他虽然好似专挑当世名流结交，但他并非势利之人。他只是不愿自己的府邸沾染尘俗晦气，所以才只结交真正的有才之人。在他的面前，再高傲的文人也愿意放下架子，与他笑谈天下。可惜好人偏偏不能得善终，后来这位慈祥的老者，终究因为政治斗争，而命丧李林甫之手。李白得知此事的时候，也是唏嘘不已。

这就是李白曾经心心念念想跻身其中的官场啊！其实若真的爬上高位又能怎样呢？到最后也不过是一具枯骨。若有不慎，可能甚至连个善终都得不到。这样的仕途又有什么意思呢？不论李白在他诗中表达的那种豁达是真的豁达，还是自我安慰，其实他说的才是真正的道理。人生在世，就应当在有生之年抓紧每时每刻做些自己喜爱的事情，而不要为了一个虚妄的目标，去做那些自己不愿意甚至厌恶做的事情。

我们不知道李白到底是不是真的想通了，但我们至少知道，他的那些诗句，曾经照亮了许多迷失在黑暗中的书生的路。那些选择人生在世须尽欢的人，才真正体会到庄周的逍遥游的精髓了。

那场相聚之后，李白独自一人回到家中，杜甫则因李之芳与卢象的挽留而没有与他一同离开。这算是李杜二人的第二次分别了。好友至交，本就是有聚有散，又非夫妻，自然不可能一生一世绑在一起。对于他们来说，有过共游的时光便足够怀念一辈子了。

而这次分别之后不久，李杜二人再度于鲁地相会。鲁地是李白的家，他们之所以会重逢得这样快，自然是少不得杜甫的殷切期望。果然天下之大，文人雅士之多，却只有一个李白让人难以割舍。那时候的人们，只要见过李白，眼里恐怕就再难容下其他人了。所以曾经与李白交好的人们，他们所结交的人，也同样都是与李白交好的人，因为只有这些人在一起时才能有共同的谈论点。这现象哪怕今日看来仍是让人觉得不可思议。而我们至少可以猜测到，李白其人除了性格好、文采好之外，大概也是一等一的美男子吧。

李白求道之心从来不死，杜甫也乐意奉陪左右与他为伴。一次，他们听闻有一个姓范的道士，据说这位道士也是一个得道高人，听过他讲道的人多多少少都有所升华和改变。这样的妙人，李白与杜甫自然不会错过。他们来到传说中这位道士居住的地方，谁知来到山上却迷了路。

那是在山林之中，天上阴云密布，无法判断太阳的位置。李杜二人非但无法找到范道士的居所，甚至连来时的路也不记得了。好在李白的身边有杜甫，杜甫的身边有李白，只要他们两个携手为伴，那么不论境况多么糟糕，他们也不会觉得狼狈。反正就算是忽遇山洪，死在当场，他们也是在对方的陪伴下死去的，想到这里，他们就足够坦然了。山洪自然没有到来，只不过他们在林中转了太久，二人身上都沾满了苍耳。

虽然走了不少冤枉路，但李杜二人总算还是找到了范道士的家。当范道长见到这二位访客，看到他们满身苍耳的滑稽模样，忍不住哈哈大笑起来。李杜二人也自觉可笑，一边相互摘着对方身上的苍耳，一边开怀大笑。

为此，李白还写下了《寻鲁城北范居士失道落苍耳中见范置酒摘苍耳作》来自嘲："雁度秋色远，日静无云时。客心不自得，浩漫将何之。忽忆范野人，闲园养幽姿。茫然起逸兴，但恐行来迟。城壕失往路，马首迷荒陂。不惜翠云裘，遂为苍耳欺。入门且一笑，把臂君为谁。酒客爱秋蔬，山盘荐霜梨。他筵不下箸，此席忘朝饥。酸枣垂北郭，寒瓜蔓东篱。还倾四五酌，自咏猛虎词。近作十日欢，远为千载期。风流自簸荡，谑浪偏相宜。酣来上马去，却笑高阳池。"

杜甫也作下《与李十二白同寻范十隐居》："李侯有佳句，往往似阴铿。余亦东蒙客，怜君如弟兄。醉眠秋共被，携手日同行。更想幽期处，还寻北郭生。入门高兴发，侍立小童清。落景闻寒杵，屯云对古城。向来吟橘颂，谁与讨莼羹？不愿论簪笏，悠悠沧海情。"

与李白不同的是，杜甫倒没有着重描写那段趣事，他只是再度表达了对与李白之间的这段感情的珍视。同样的一件事情，两个人看问题的角度却是截然不同。李白看到的是有趣，是在山林之中的各种所见所闻。李白的目光总是停留在远处，停留在那些山水草木上面。杜甫却不然，杜甫的目光只停留在了李白的身上。李白是一个真正看风景的人，但杜甫看的风景，只有李白。

其实又何止是杜甫，在当时的大唐，多少人为了看到李白这道风景而翻山越岭千里远行，多少人只因未能得见李白一面而引为终生憾事。李白就是大唐的一道最美妙的风景。这道风景，不是任何秀美的青山、柔润的碧水可以比拟的。好在李白并非自恋的人，不然他还看什么山川，看什么桃花流水，他只要对着铜镜看自己就足够了。

一朝飞去青云上

城边有古树，日夕连秋声。

鲁酒不可醉，齐歌空复情。

——李白《沙丘城下寄杜甫》

对李白倾心多年的人实在太多太多，其中，在追随李白这一行动中有着出色表现的，大概就要数元丹丘了。说起元丹丘，实在是有趣得很。他本来是无意仕途，一心求道的。看起来，他的求道之心似乎比李白要纯上许多，但是他也有着其他真正求道者所没有的执着和牵挂。他的执着和牵挂便是李白。所以，虽然他对当官一点兴趣都没有，但当李白奉诏入京之后，本已隐居嵩山的他还是在不久之后也通过关系来到长安任职。而当李白看尽官场，黯然离去之后，元丹丘也在不久后离开长安。整个过程中，元丹丘十分明显地追逐着李白的脚步。他自己倒也不否认这一点，毕竟追随李白本就不是什么丢人的事情。

离开长安之后，李白便来到龟蒙山定居。说是定居，其实他在家的时候很少，更多的日子里他都是与杜甫一同出游了。尽管如此，元丹丘还是继续着他的追随，也将嵩山的家搬到了龟蒙山。当时，李白就如同天上的太阳，有着许许多多向日葵永远面向着他，但是其中只有元丹丘有勇气和魄力一路跟随到底。

不论是入仕还是出仕，他都紧随其后。也许元丹丘真的是一心向道的，而他的道，名叫李白。

不过元丹丘是聪明人，虽然他始终跟随着李白，但真正与李白相聚的日子并不多。李白与杜甫出游之时，他从来不会提出跟随。他知道，那是仅属于李白与杜甫两个人的行程，在那样的世界里，即使偶尔有路人前来讨酒，也无法插足他们二人之间。他们之间的那种默契，那种不语心自明的知音情怀，是任何人都比拟不了的。但元丹丘也不因此嫉妒杜甫，相反，他十分欣赏杜甫的才能。杜甫与李白是截然不同的人，就如同太极一般，彼此相容又大有不同。虽然你中能寻到我的身影，我中能找到你的风采，但分开来看，仍然是彼此相反的两端。

因此，每每当杜甫去李白居处与李白共饮的时候，他也总要去拜访元丹丘。兴味相投的朋友就是这样，因为彼此都太懂对方，所以不论多多少个这样的朋友，都不会嫌多。相反，如果是一个完全不理解你，完全不懂你的人在身边，哪怕只有一个，也会让你觉得这世界太过吵闹了。

或许是见了太多人世间的不平之事，本来超然物外的杜甫也忽然决定放弃求仙隐居的想法。他与几年前的李白一样，只身来到长安，希望能在那里走上政治的道路。这条路李白曾经走过，但是他并没有阻拦杜甫。也许正是因为走过，李白才能明白杜甫的心情吧。那份心情，只有真正拥有过的人才能懂得。当年身在长安的李白，那是何等踌躇满志，何等抱负远大。虽然最后未能求仁得仁，但李白并不后悔曾经努力拼搏的那些年。

李白虽然放弃了入朝为官的想法，但他并不是否认了过去一心追逐入仕的自己。他只是看透朝廷的黑暗和腐败，才黯然离开。若是能够逢得明君，他还是会选择走上仕途。其实，当初尚未见到玄宗时，李白又何尝不知道玄宗的问题，唐玄宗宠爱杨贵妃，重用外戚宦官，这是全天下都知道的事。这一切李白早就知晓，尽管如此，他还是要见了玄宗的面，还是要在玄宗身边待了三年之久才算彻底死心。

对于一个满怀希望的人来说，你想让他放弃希望，光靠口头相劝是不可能的。你必须让他真正走上那条谋求希望的道路，只有他真正经历了那些被人嘱咐过几百遍的事情，他才能明白，当初大家为何要嘱咐他那些话。这就如同当年李白见孟浩然一般。那时候孟浩然也是刚刚离开长安不久，李白也向孟浩然表达了自己的政治抱负。其实孟浩然何尝看不出李白此行将会获得怎样的结果，但孟浩然没有阻止他。人生是属于自己的，只有他自己经历了那些该经历的，才能悟出他应该悟到的。

李白对杜甫的情感也是如此。当杜甫提出要前往长安时，李白只是轻声叹气，拍了拍杜甫的肩膀。没有安慰，也没有叮嘱，李白只是对杜甫说："他日飞黄腾达也好，一事无成也罢，千万记得时常来同我饮酒。"杜甫点头，他能感受到李白情绪上的沉重，他想说什么，但又不知究竟该怎么说。

那一日，李白为杜甫饯行，写下了《鲁郡东石门送杜二甫》："醉别复几日，登临遍池台。何时石门路，重有金樽开。秋波落泗水，海色明徂徕。飞蓬各自远，且尽手中杯。"

这一首送别诗写得不矫情，不伤感，这正是李白的风格，潇洒，洒脱，肆意。他的送行，没有含泪低垂，没有依依不舍，有的只是对来日重逢痛饮美酒的期望。这又何尝不是真正的大智慧。聚时，众人把酒高歌，尽情享受友人欢聚的场面。散时，只要想着聚时的好，并期待下一次的相聚便是了。毕竟，人生在世总是分分合合，离别不是为了分开，而是为了下一次更愉快地相遇。

当然，那时候他们都未曾想到过，这一次离别之后，他们就真的再无相见之日了。只能说造化弄人，这对天造地设的好友，这对响彻大唐的互补型的诗人，他们共度了短暂欢乐的时光后，就再也找寻不到相见的机会。从那之后，他们再要见到对方，恐怕只能在梦中了。

李白是个无比洒脱的人，通常与友人分别之后，只有对方对他朝思暮想的份儿，从来没有他想别人想得难以入眠之时，但杜甫是个例外。杜甫的离去真的让李白感到了前所未有的落寞。一个人的心可能本来只有一个小杯那么大，忽然来了一个人，他占据了你的心，他是那样完美，那样让你迷恋，以至这个小杯被他越撑越大，渐渐变成了一个大水壶。即便如此，这颗心仍不能装下这个人的十分之一。而正当你努力把心撑得再大一些的时候，这个人忽然就那么离开了。

一个小杯那么大的心，就算空了，也很容易被其他东西填满，比如山水，比如新的好友。但是一个大水壶那么大的心空了，又用什么来填满呢？填不满了，不论多美的山石草木，不论多懂你的好友，都填不满了，就算你饮下再多的酒，醉倒过再多次，那颗已经被撑大又被放空的心还是填不满了。

所以如果一个平常的人遇到不幸的事，他可能只会抑郁一阵子，然后渐渐缓过来；但是当一个幸福得快要溢出来的人，他的幸福被抽空之后，那对他恐怕就是灭顶之灾了。

李白固然没有这么夸张，但他也有生以来第一次感受到了思念是什么滋味。当初崔宗之思念他时如是，元丹丘追随他时亦如是，其实他离开玄宗时，玄宗的心情未必不亦如是。正所谓出来混总是要还的，你有意无意加诸别人身上的东西，总有一日也会回到你自己的身上来。

李白的心仿佛就这么被放空了。他的生活从多姿多彩变得暗淡无光。当登上名山，他只期盼杜甫能站在自己的身边，当饮到好酒，他恨不能将这酒敬上杜甫一杯。就算深夜入眠时，他也会想起与杜甫同榻而眠，畅谈到深夜亦不愿睡去的日子。终于，这位潇洒的大诗人，也做出了一件不那么潇洒的事情。他写下了一首诗来表达自己对杜甫的思念之情，这便是那首《沙丘城下寄杜甫》：“我来竟何事，高卧沙丘城。城边有古树，日夕连秋声。鲁酒不可醉，齐歌空复情。思君若汶水，浩荡寄南征。”

李白流传下来的关于思念别情的诗并不多。可能是大家更爱那个潇洒豪放的李白，也可能是有文人嫉妒被李白思念的那些人，总之李白留下的诗作，总是洒脱的，总是纵情的，类似《沙丘城下寄杜甫》这样缠绵悱恻的诗却是寥寥无几。李白本身的确是个不容易纠缠情感的人，但是从这首诗来看，李白非但不是无情，他简直就是比很多人都重情了。若是一个不重感情的人，怎么可能看到城边老树，看到萧瑟秋风，心中便孤寂难耐？怎么可能将这份孤单之情尽述在送予友人的书信之中？若他不重情，当他饮着酒时，他为何连醉也做不到了？

须知李白是最容易喝醉的。朋友越多的时候，他就醉得越厉害。就算独自一人，望月望山，他也能醉倒台前。但当杜甫离去之后，他却偏偏再也无法痛快地醉一场了。若是一个无情之人，怎可能连最心爱的美酒，也无法纾解他的思念呢？他是这样寂寞，这样孤单难耐。他活了大半辈子，这一次他真真切切感受到了形单影只是个什么滋味。此份思念杜甫的情怀，就如同那奔流不息的汶水一样，浩浩荡荡奔往那长安城去了。

其实杜甫又何尝不是如此。李白思念杜甫至深，杜甫更是想念李白想得如同散了一魂一魄。长安本就是官场污浊之地，在那里，到处都是官员之间的势利谄媚。在那里，你很少能拥有纯真的友谊，很少能找到可以一同饮酒的人。当然，如果杜甫早生十年，或者如果他在几年前就来到长安，那么他还是能寻到饮酒的伙伴的。那伙伴自然就是他后来一一为其赋诗的“饮中八仙”了。然而长安城能容得下奸臣宠佞，却容不下几个热爱喝酒的人。当杜甫来到长安时，当年那“饮中八仙”早已陆陆续续离开得差不多了。

所以比起李白，杜甫更加孤单，更加无助。当然，最终他也在长安城找到了一件有趣的事，那就是寻访李白的足迹。李白曾经先后在长安待了六年。那六年的岁月，足够他留下让人说不尽的故事了。在那里，但凡有点水平的人都能讲出关于李白的二三事，以及“饮中八仙”一起开怀醉饮的故事。也正是在寻访那些故事的过程中，杜甫才写下了那首著名的《饮中八仙歌》。

在长安，杜甫做的最多的一件事就是“忆李白”。他只恨自己未能早些年认识李白，未能参与到李白的那些脍炙人口的故事中去。但他不会沉浸在这种悔恨里，他用他自己的方式，重新走了一遍李白当年走过的路，用回忆的方式，将自己与当年的李白重叠，就仿佛他真的参与到了那些故事中一样。于是远在鲁地的李白还在肝肠寸断地思念杜甫，而杜甫，却已经在长安，与几年前的李白携手同游，畅饮夜谈了。

落花寂寂委青苔

天姥连天向天横，势拔五岳掩赤城。

天台四万八千丈，对此欲倒东南倾。

——李白《梦游天姥吟留别》

杜甫离开之后，李白便又过上了孤身漂泊的日子里。这一漂，就是十年。李白的人生中有两个重要的十年，一个是安陆酒隐的十年，一个便是离开长安后游历四方的十年。那时候，李白已经娶了他生命中的第四个，也是最后一个女人宗氏。宗氏，大概是李白的几个女人中得到记载最多的一位了。后来人们常说，在李白生命里的这四个女人里，只有宗氏才是他心中所爱。对许氏，他只是敬，没有爱。其实一切都不过是后人的猜测，李白自己心中如何想，旁人又怎能得知呢？他们夫妻之间的情分，又怎能是旁人观察一番便可下出结论的？

当今人评价古人的时候，总是喜欢通过历史上留下的只言片语来判断。事实上，就算是以考古之名来分析解读，千年之后的人又如何能走到古人的心里？我们所能看到的，不过是古人留下来的东西，至于那些未曾留下的东西，我们也不能妄自揣测。比如，虽然李白不曾留下关于许氏的诗作，但你我又如何能得知这就是李白不爱他第一任夫人的象征呢？更何况我们根本无法确定李白是真的未曾写过怀念夫人的文章，还是写过之后没有流传下来。

对那十年的岁月，李白说自己是“十年客梁园”。他说是客梁园，其实这与当年酒隐安陆是截然不同的。这十年来，他始终都是四处漂泊，梁园只不过是他行程中南下北上的必经之地，他每换一个新的游玩之所，就总要经过梁园，其实他真正停留在梁园的时间反而不多。

游历四方对李白来说早已是轻车熟路。如果那个时候也有网络，也有这么多驴友论坛，相信李白一定会成为当时最大的驴友论坛的总版主。全国上下，中原四周，基本上叫得出名的佳景，李白都能为你讲得头头是道。

年轻时候，李白四处游历，为的是增长自己的见识，为的是多多结交当世贤才，为他日后官拜朝廷而铺路。如今官也拜了，皇帝也见了，朝廷也入了，心灰意冷的他再度重游旧时的路途，更多的是一种缅怀。当他不再带着明确的目的去四处游玩时，他才终于感受到了内心的宁静。

数十年来，他四处求道，四处寻找得道高人，期望能够问得升华的道理。直到这次重游旧地，他才发觉，原来所谓的道不在深山老林中，不在那些道长高人的口中，更不在什么深幽道观之内。所谓的道，其实就在人心中。当你经历了，想通了，也就悟道了。所以一杯水，一块方巾，一栋房子，一扇门，这些都可以成为道，只看你是不是能够看得透彻。

与杜甫的分别，宛如在李白的心上划了一道很深的伤口。哪怕在长安不得志的三年，都不曾让李白苦那么久，郁闷那么久。李白试着利用四处游玩来缓解对杜甫的思念，但一切都是徒劳。不论他走到哪里，都只会让他对杜甫的思念更深。那山，那水，那花，那树，只有与杜甫一同观赏才算美景，他独自一人看到的只有孤寂，无尽的孤寂。

他忽然想起当年在长安一同醉饮的老者贺知章。他记得贺知章便是在越中求仙问道的，于是李白决定打理行囊，去寻访贺知章，在看望老朋友的同时，还能重游江南。在离开之前，鲁地的朋友们免不了为他饮酒送行。那里恰是天姥山附近，李白心有所感，当即作下那首《梦游天姥吟留别》。

“海客谈瀛洲，烟涛微茫信难求。越人语天姥，云霓明灭或可睹。天姥连天向天横，势拔五岳掩赤城。天台四万八千丈，对此欲倒东南倾。”李白的文学造诣，并不在于他的用词多么华美，辞藻多么富丽，而在于他的超乎常人的想象。只有他才能说出“天姥连天向天横”这样的话，才能想出“对此欲倒东南倾”的画面。其实并不一定掌握的词汇量多，能够堆积出许多形容词便叫作文采超绝了。真正的惊世文采其实表达的是诗人内心的情怀。语言这种东西很是微妙，有的人读了一辈子书，也写不出半句超脱的话，有的人从来没碰过书，却经常能说出道理极深刻的话来。其实语言只是一种工具，这种工具是用来传达人们心中所想的。若是人的心中生长着一朵莲花，那么他下笔书写时，便必然能写出不凡的文章。

“我欲因之梦吴越，一夜飞度镜湖月。湖月照我影，送我至剡溪。谢公宿处今尚在，渌水荡漾清猿啼。”不论李白是不是太白金星下凡，至少在他的思想中，他已经做了许久的仙人了。他身轻如燕，逍遥飞往天边，一路飞到谢灵运的居所，感受着那里荡漾的绿水，听着那里灵猿的啼叫声。这景象描绘得活灵活现，就如同李白真的见到了一样。其实，李白是否真的见到了，谁又知道呢？说不定他真的可以在睡梦之时灵魂出窍，恢复仙身四处云游呢。只不过，即便当真如此，也没有人会相信这荒唐的说法罢了。

“脚著谢公屐，身登青云梯。半壁见海日，空中闻天鸡。千岩万转路不定，迷花倚石忽已暝。熊咆龙吟殷岩泉，栗深林兮惊层巅。”太白仙人穿上了谢公的木屐，登上可以通往云霄之巅的山路。当行至半途，仙人看到正从海面缓缓升起的明日，空中又传来天鸡的鸣叫声。仙人就这样在山路上不停攀登着，山路蜿蜒曲折，不知不觉，已经从朝日变作傍晚。山中有熊怒吼，更有盘龙长鸣。震得整个山峦都为之震撼！这是只有得道之人才能见到的景象。李白能这样栩栩如生地描绘出来，就仿佛那些怒吼与长鸣就响彻在他耳畔一般。

“云青青兮欲雨，水澹澹兮生烟。列缺霹雳，丘峦崩摧。洞天石扇，訇然中开。青冥浩荡不见底，日月照耀金银台。霓为衣兮风为马，云之君兮纷纷而来下。虎鼓瑟兮鸾回车，仙之人兮列如麻。”就在云层沉沉压在山上，仿佛马上就会落下倾盆大雨之时，忽然电闪雷鸣，通往仙人居处的石门轰然而开。这是只为李白一人打开的仙门。在门的另一边，云上之仙纷纷下来，老虎与鸾鸟鼓乐拉车，所有仙人都排列成行，来迎接李白，迎接这一与他们分别太久的朋友。

“忽魂悸以魄动，恍惊起而长嗟。惟觉时之枕席，失向来之烟霞。”可惜，正当李白要前行之时，一切忽然全都消失了。这时他才发现，这一切都不过是他做的一场梦而已。这是一场他做了太久太久的梦了。一个好奇尘世的太白金星，当他真来红尘中走过一遭之后，却又开始心心念念那云上的风景。这尘世上，苦与乐总是各自参半。你若想得到那无穷的欢喜，你就当承受无尽的苦难。这是人生在世的无奈，也是天道循环的规则。正因为有这样的规则存在，世界才能保持平衡，太极的轮盘才能不停旋转下去。

“世间行乐亦如此，古来万事东流水。别君去时何时还？且放白鹿青崖间，须行即骑访名山。安能摧眉折腰事权贵，使我不得开心颜！”如今的李白，再不对朝廷抱以奢望，现在他只希望在青崖之间寻访白鹿，从此在山中修行求仙。至于低眉顺目忍辱负重去侍奉权贵的日子，李白是一时一刻也不想过了！

李白将这首诗留给了鲁地的友人，也算是他临行之前，在转身之际留给他们的一声惊叹。

李白就这样离开了鲁地，前往越中，也就是贺知章退隐之时最后去的地方。他带着满心的希望，期盼着与贺知章一见，能补上他失去杜甫的空白。这一路他走了许久，他离开之时，正是霜雪寒冬，而当他的双足踏上江南旧地，竟已是春华灿烂的季节了。江南乃是水乡之地，到处都能见到溪流湖泊。柳絮飞得满城都是，这柳絮有着飞雪的浪漫，却没有寒雪的冰冷。

江南的优雅风景算是给了李白一个安慰，至少让他不再那么苦闷了。他来到记忆中贺知章的居所，意欲寻访故人身影。然而，他得到的，只有一个如晴天霹雳般的消息：贺知章早已经不在人世。

想来贺知章已经年近九十，虽然他离开长安之时是带着政途不顺的遗憾而走的，但起码朝廷上下都对他以礼相送。如今虽然病故，对他而言也算是得了善终。李白与贺知章本是忘年之交，而今李白已近知天命之年，垂垂老矣的贺知章会离他而去也是情理之中的。尽管如此，李白还是悲恸不已。他悲的是当年盛况不再的饮中八仙，他悲自己这边刚与杜甫分离，那边又与贺知章永别。人生在世，为何不能当真无虑无愁？

经过这连番打击，李白再也无法继续保持他的洒脱了。他已经被悲恸的情绪填满，思及当初与贺知章一同饮酒的日子，他写下了《对酒忆贺监二首》。其一写道："四明有狂客，风流贺季真。长安一相见，呼我谪仙人。昔好杯中物，翻为松下尘。金龟换酒处，却忆泪沾巾。"

那是初见贺知章时的印象。当时已经是老者之态的贺知章一见到李白，还以为是天上仙人下凡，且惊呼出声。所谓的赞美，不是你搜肠刮肚绞尽脑汁拼凑词语，而是发自内心的赞叹。那一声"谪仙人"从此定格在了李白的生命中，而贺知章那一瞬间的真情流露，也成了千百年来人们津津乐道的佳话。

李白又写道其二："狂客归四明，山阴道士迎。敕赐镜湖水，为君台沼荣。人亡余故宅，空有荷花生。念此杳如梦，凄然伤我情。"这两首诗前后呼应，第一首还是初见，第二首便是死别了。联想起前尘旧事，再看现在已无人气的旧宅，他的心中更加悲苦。归去吧，归去吧，既然此地已经再无故人，哪怕这山景再美，池中荷花再娇艳欲滴，没有了好友相伴，也让人无心欣赏了。

与尔同销万古愁

君不见李北海，英风豪气今何在。

君不见裴尚书，土坟三尺蒿棘居。

——李白《答王十二寒夜独酌有怀》

离开越中，空带着满怀伤心的李白并没有回到家乡，而是前往金陵。一路上，李白看到来来往往的百姓的脸上俱是挂着忧虑之色。虽说天子高高在上，虽说京城远在长安，但朝廷的一举一动，千里之外的百姓多少也会有所耳闻。当朝皇帝宠爱贵妃，权重的宠臣俱是奸佞之辈。那些真正有才华的忠良之士不是不被重用，就是被遣送回家。这样的朝廷，又如何维持天下安定?

这天下固然是李家的天下，与老百姓无甚关系。但是老百姓的命运都掌握在当权者的手中，玄宗总归是李家的人，李家别的不论，对百姓起码是不错的。若是天下易主，换了别姓皇帝，那时百姓的日子是喜是苦可就难说了。百姓就是这样可怜的人群，他们只能选择支持这个皇帝，还是支持那个皇帝，他们永远都没有选择自己人生的权力。若是哪个百姓振臂高呼，说自己就是想要他口中的生活，那么他也就走上了起义的道路。

玄宗治理下的大唐倒不至于会引人起义，但是却引起了大唐外面早就虎视眈眈的那些人的兴趣。那些人如虎如狼，他们正等待一个绝佳的机会一举攻入，夺下这遍地黄金之国。对于这一点，有点远见的人都能看到，偏偏玄宗皇帝看不到，那些嫉贤妒能的小人看不到。

如今的天下再也不是那个会让人闲散出游的天下了，大唐的太平盛世也算是要走到头了。李白固然生在了最好的时代，但他也即将亲身经历那最坏的时代。李白从越中前往金陵的路上，他又听到一系列让他悲极痛极的消息。先是崔成甫被贬官湘阴，接着是李适之被小人逼迫自尽，接着又是李邕、裴敦复遭李林甫陷害被杖杀身亡。当年的欢声笑语犹在眼前，而今，迎接李白的却只有一个又一个的噩耗。

这天，当真是要变了。奸臣当道，国内空虚。曾经到处是欢乐闲适之色的开元盛世，如今哪还有半点“盛世”之名？李白心中又是悲恸，又是愤慨，他愤怒那玄宗为何放着大把良臣不用，偏要用那口蜜腹剑的李林甫！他愤怒败坏国家陷害忠良的小人竟能得意扬扬高高在上！他奋笔疾书，将自己的满腔怒火，尽述于一篇《答王十二寒夜独酌有怀》中：

“昨夜吴中雪，子猷佳兴发。万里浮云卷碧山，青天中道流孤月。孤月沧浪河汉清，北斗错落长庚明。怀余对酒夜霜白，玉床金井冰峥嵘。人生飘忽百年内，且须酣畅万古情。君不能狸膏金距学斗鸡，坐令鼻息吹虹霓。君不能学哥舒，横行青海夜带刀，西屠石堡取紫袍。吟诗作赋北窗里，万言不直一杯水。世人闻此皆掉头，有如东风射马耳。鱼目亦笑我，谓与明月同。骅骝拳跼不能食，蹇驴得志鸣春风。折杨皇华合流俗，晋君听琴枉清角。巴人谁肯和阳春，楚地犹来贱奇璞。黄金散尽交不成，白首为儒身被轻。一谈一笑失颜色，苍蝇贝锦喧谤声。曾参岂是杀人者，谗言三及慈母惊。与君论心握君手，荣辱于余亦何有。孔圣犹闻伤凤麟，董龙更是何鸡狗。一生傲岸苦不谐，恩疏媒劳志多乖。严陵高揖汉天子，何必长剑拄颐事玉阶。达亦不足贵，穷亦不足悲。韩信羞将绛灌比，祢衡耻逐屠沽儿。君不见李北海，英风豪气今何在。君不见裴尚书，土坟三尺蒿棘居。少年早欲五湖去，见此弥将钟鼎疏。”

李白从不惧怕任何权贵，既然李林甫敢将他的好友残忍害死，他就敢大骂李林甫是鸡狗之徒！若是李林甫连他也不放过，将他这一介布衣也用计杀害，那么李白更是乐得在天上与众位好友共享饮中仙人之美了！

他一书而就，痛快倒是痛快了，但也只是痛快了他自己，完全起不到任何作用。他一介草民的声音就如蚊虫般微不足道。哪怕他的声音真的是振聋发聩的，那又如何呢？奸邪的小人仍在哈哈大笑，那无能的玄宗皇帝仍是倒在贵妃怀中醉生梦死。冤死之人魂灵的呐喊，有谁能听得见看得到？百姓怨声载道，又有谁能理会，谁能在意？

不论大唐是否会在此终结，至少那好不容易促成的盛世，终究是要结束了。其实早在玄宗改号天宝之时，这一切就已经有了迹象，现在只不过是整个态势越来越明显了而已。天下已经如此，谁还能有游玩之心呢？李白再也不想去看那山那水了，他只想回到家中，肩负起他作为一个丈夫，一个父亲的责任，在乱世到来之时保护他的家人。

那是在天宝九年，距离安史之乱大规模爆发还有五年的时间。李白终于回到鲁地的家中，与他的夫人儿女相聚。他已经离家太久，当见到家人之时，他的心中不由得涌起一阵感动与一份愧疚。做李白的家人真不是什么好事，他对他们实在是辜负太多太多了。好在家中一切安好，时局虽然已经渐渐动荡，但鲁地相对来说还算是一切太平。这也让李白的心下觉得好受了些。

那时候，元丹丘正在唐州的石门山过着隐居的生活，听闻李白已经归家，元丹丘又为李白书信一封，信中表达了邀请李白一同归隐的愿望。李白一见到元丹丘的信，心中又是喜悦，又是难过。喜的是虽然物是人非，当年饮中好友许多都遭到小人暗算，但元丹丘还在悠然自得地隐居着；难过的是想起当年同元丹丘众人饮酒作乐的日子，除了元丹丘，而今能保全自身的竟不剩几人了。他决定启程去见元丹丘，也算是与老友叙叙旧，抒发一下自己的悲苦情绪。但这一次，他不再存隐居之心。国家即将大难，天下就要大乱，这种时候，他血性男儿又怎能独善其身呢？

事实上在那时候，李白已经做了决定，一旦国家危难，自己便投笔从戎，如每一个侠客一样，为天下百姓挺身而出！可惜的是，李白空有报国之心，却没有足够的军事才能。他虽知晓国家将会动荡，决心投军，但他选择的军队，偏偏就是拥兵幽燕的安禄山的队伍。

其实李白想得很简单，他认为当时安禄山的队伍是最大的。好在他的夫人宗氏还算有些军事头脑，加上当时的一些来自朝廷的小道消息，宗氏认为安禄山此时招兵买马，必是带着谋反之心的。这国家不乱便罢，若真乱了，说不定罪魁祸首就是这个安禄山。

李白虽然觉得夫人的话也有道理，但若夫人所说为真，他就更要深入虎穴一探究竟。若安禄山并无反意，他便安心在安禄山麾下发挥自己的力量，若安禄山当真有反意，及早发现的他还能及时告知玄宗，让玄宗多加小心。就这样，他带着一份忠君报国的心，只身进入安禄山的军中。

初入军中，李白只觉意气风发，心中有说不出的豪情。他仿佛又回到了十几年前，侠义之心膨胀在胸中。这种感觉让他十分欢喜。当他在军中停留数日之后，他的好心情也渐渐被他的所见所闻打击得消失殆尽。他看到安禄山的军队每日里所做的尽是欺压良善，拥兵自重。李白由此悲愤地写下一首《北风行》来控诉这些军队所做的恶事。

离开了安禄山的军队，李白却是真的举目四顾心茫然了。他忽然发现，就算他已经看出安禄山的不轨之心，他也完全没有接近玄宗、告知玄宗这一事情的可能。朝廷之上是李林甫、杨国忠之流在把握大权，唐玄宗眼里心里只有一个杨贵妃而已。谁能改变即将到来的大唐厄运？谁能力挽狂澜，挽救疾苦百姓于水火之中？也许世上真能有这样一个人，但李白却是真的无能为力了。

于是，他写下了一首《远别离》，将满腹辛酸都交付纸上：“远别离，古有皇英之二女。乃在洞庭之南，潇湘之浦。海水直下万里深，谁人不言此离苦。日惨惨兮云冥冥，猩猩啼烟兮鬼啸雨。我纵言之将何补？皇穹窃恐不照余之忠诚，雷凭凭兮欲吼怒。尧舜当之亦禅禹。君失臣兮龙为鱼，权归臣兮鼠变虎。或云尧幽囚，舜野死。九疑联绵皆相似，重瞳孤坟竟何是。帝子泣兮绿云间，随风波兮去无还。恸哭兮远望，见苍梧之深山。苍梧山崩湘水绝，竹上之泪乃可灭。”

//134

第五章

弃我去者昨日之日不可留

云凭凭兮欲吼怒

我苦惜远别，茫然使心悲。

黄河若不断，白首长相思。

——李白《送王屋山人魏万还王屋》

李白离开幽州回到家中，始终是愁眉不展。眼下战事已经是一触即发，他却只能眼睁睁看着一切发生。无力感、无助感侵袭着他，在幽州的所见所闻无时无刻不在他的脑海中回放，甚至有时在睡梦中，他也会惊醒过来。夫人宗氏总算是大家闺秀出身，她比李白更加镇定也更加淡然。她倒认为天下既然要大乱，李白能远离朝野倒是好事，至少是可以独善其身了。夫人的劝说却让李白更加苦闷，要知道，独善其身从来都不是李白的行事之道啊！即便如此，李白也知道，他苦也好，忧也好，该来的总是要来的。与其忧虑那些他无力回天的事情，倒不如珍惜与家人团聚的日子。

那是在天宝十二年，距离安史之乱爆发还有两年。李白再度离开家乡，这一次他的目的地是宣城。当年与李白在长安结交的好友中，有许多已经遭到李林甫的迫害，崔成甫虽然没有被害身亡，但也被贬官湘阴。后来，经过几番辗转，他来到了宣城。在宣城，难寻知己的日子让他愈加怀念李白，他便托人找寻李白行踪，并带话给李白，自己就在宣城等他。

李白来到宣城之后，一见崔成甫，二人竟同时大哭起来。想当年，他们在京城饮酒酣醉的日子是何等自在，何等逍遥！如今死的死，散的散，竟只剩他们两个落魄之人在此了！这一次会面，他们当然是要痛饮一场。只不过这一场酒，再没有了当初的甘甜，有的只是苦涩，无尽的苦涩。

他们先是在宣城会合，接着又前往金陵游历。在那里，他们度过了相对快乐的一段时光。世事已给人太多苦楚，若再不懂得自行寻乐，那人就当真要活不下去了。关于那段日子，李白写下一首《玩月金陵城西孙楚酒楼达曙歌吹日晚乘醉》："昨玩西城月，青天垂玉钩。朝沽金陵酒，歌吹孙楚楼。忽忆绣衣人，乘船往石头。草裹乌纱巾，倒被紫绮裘。两岸拍手笑，疑是王子猷。酒客十数公，崩腾醉中流。谑浪棹海客，喧呼傲阳侯。半道逢吴姬，卷帘出揶揄。我忆君到此，不知狂与羞。一月一见君，三杯便回桡。舍舟共连袂，行上南渡桥。兴发歌绿水，秦客为之摇。鸡鸣复相招，清宴逸云霄。赠我数百字，字字凌风飙。系之衣裘上，相忆每长谣。"

在那时局动荡的日子里，李白与崔成甫还能享受到这样短暂欢乐的时光，着实是很不容易了。其实他们都知道，他们的欢乐都是强颜欢笑而已。这种欢笑，与从前那份豪情相比，简直是可怜可悲了。当然，他们都不会点破，因为一旦点破，他们就会情不自禁地大哭出来。

李白作为一个诗人，与当世那些附庸风雅的公子哥儿不同，他是真的有文人风骨的。那些所谓的文人骚客，当国家即将有难，他们只是急忙为自己选择逃生之路，谁会忧君之忧，谁会惦记黎民百姓呢？只有李白这群人才能真正做到先天下之忧而忧，后天下之乐而乐吧。就算不被玄宗重用，李白忠君之心也从未减少，就算朝廷上没有他的位置，李白忧民之心也始终如一。

责任最大的皇帝都不忧虑的事情，李白却每时每刻都在忧虑着。一想到杨国忠在南边扩张势力，想到安禄山在北边招兵买马，李白就心忧难安。可惜他无权无势，只能依靠自己梦笔生花，来指责那些奸佞小人，替国家、替百姓伸冤。

那是天宝十三年，距离安史之乱的爆发只剩下一年了。李白来到了广陵。

许多年前，李白还是一个满怀抱负的年轻人，在广陵，他散尽千金，广泛结交。那时他交下的朋友可谓鱼龙混杂，其中固然有真心与他结交的人，也有奔着他的金钱去的小人。好在不久之后他就得了一场大病，那场大病让他看清了哪些人值得结交，哪些人只适合擦肩而过。这一次他重游旧地，或许只为了结自己的一份乡愁吧。

乡愁是一个外延十分广泛的词。思念家乡是一种乡愁，思念旧时的某个时期，也是一种乡愁。现在的年轻人喜欢怀念儿时做过的游戏，吃过的糖果，这也是一种乡愁。所谓家乡，未必只是大地上的某一个坐标，也可以是匆匆而过的某一段岁月。

重回广陵，一切都变换了模样。当年他能散尽千金，受到众人簇拥，而今，他哪怕想多喝一杯酒，都只能用当初在朝廷做官时留下的值钱东西去换了。好在李白的一生中最不缺的就是追随者。当时有一个名叫魏万的年轻人，他就如同当年的岑勋一样，也是疯狂地追随着李白。为了得见李白一面，他四处打探李白的踪迹。若是一般的年轻人，在鲁地见不到李白就会沮丧回乡了，魏万却没有放弃，他再度追随李白的脚步前往越中。他就这样执着狂热地寻找着李白，功夫不负有心人，五个月后，他终于在广陵与李白相见。

一见到魏万，李白便对他十分喜爱，他仿佛见到了年轻时候的自己。再听说魏万寻找自己的过程，李白更是万分感动。李白的人格魅力就在于，他从来不会因为受人追崇而沾沾自喜，他珍惜着每一个喜爱他、追随他的人。在他的眼中，这些人从来就不是什么仰慕者、追随者，对他而言，他们就是李白在过去失之交臂的友人。他们千里迢迢来找寻李白，来成就这番友谊，而李白却并不曾为这段友情付出什么，想到这里，李白就更加珍视每一个对他慕名而来的人。

有了魏万这个年轻人陪伴，李白的广陵之游才算是惬意了许多。他们以广陵为据点，四处拜访那些名胜古迹。上天对李白总算不薄，当他游在路上，他总能有让他开怀的好友陪伴。几日里的交往下来，李白对魏万的赏识也是与日俱增。有趣的是，那些执着于同李白交往的人，本身其实都是才华横溢的人。大概只有真正有才的人才能懂得李白之才吧。李白已经看出魏万绝非池中之物，思前想后，他做出了一个决定。

那一日正是黄昏，晚霞在西天之上如同翩舞的美人之袖。天色由明转暗，映得人的脸上莫名多了许多惆怅。李白举杯笑邀魏万同饮，魏万自是欣然饮尽，只听李白说道："如今天下不比往年，已是越来越乱，我年岁已高，无力再做什么。倒是兄弟你有旷世之才，他日必能飞黄腾达，到了那一日，还望君莫要忘记我啊！"魏万忙笑道："先生真是说笑了！先生之才，乃是前无古人后无来者，当世天下，除杜子美杜公又有谁能与先生比肩？"李白只是苦笑摇头。魏万之言，让他想到远在长安的杜甫，不知杜甫现在境遇如何，是否会遭到奸佞打压。李白只盼他能自己保重，只要活着，就能有机会再次相见。

李白于是说道："我并非说笑。"这时，他拿起身旁布包，交给魏万。魏万不解地接过布包，发现那包中都是些零散纸张。还未等魏万解开布包去看，李白便说道："这里是我迄今为止的绝大部分诗作。还有一些被我忘记遗失了，这些是留下来的。愚兄有个不情之请，不知贤弟可愿应允？"魏万忙点头道："先生有何要求尽管提就是，魏万必定尽全力而为！"李白说道："战乱已经一触即发，一旦战争打起，我必投笔从戎效力国家，到那时是死是活实难预料，唯愿贤弟能将我这些诗作编辑成册，也算为我半生与诗文为伴的生涯做个交代。"

这与其说是请求，不如说是委以重任了！魏万十分郑重地点头说道："先生放心！魏万必定不负所托！"见魏万如此，李白才放心地点了点头。这是一次没有交易的托付，支撑起这份托付的，一是文人之间的欣赏，二是好友之间的信任。事实上，魏万的确不负重托，他在考中进士之后，第一件事便是编撰《李翰林集》，并且为其作序。可惜的是，那本《李翰林集》并未顺利流传下来，只有魏万作的那篇序言尚在。当然，虽然这诗集未曾起到太大的作用，但当世爱惜李白之才的人实在太多，所以留下李白诗歌的地方也随处可见。直到今日，完整传下的诗作数量最多的也是李白。

短暂相聚之后，魏万必须回到王屋山了。为了纪念这段忘年之交，李白写下一首《送王屋山人魏万还王屋》来送行。之后，李白则来到了宣州。宣州附近有许多为生活而奔波的最底层的社会劳动者。在他们的身上，李白看到了人性最本来的面目，那是居高位者永远看不到的最简单的幸福。为此，李白也写下了许多诗歌赞美他们。也许李白已经意识到，又也许他只是偶有所感，他看尽美妙风景，这天下最美的风景其实是人。人这种风景虽然变幻莫测，虽然有时丑陋非常，但当这风景美时，那真的是比最灿烂的春花还要动人的。

在那里，李白还结识了农民汪伦。汪伦的文化不深，他不懂得那些诗啊文啊的，但李白就是很喜欢他，很喜欢他的善良和朴实。他自然也很喜欢李白，虽然他不懂李白的才学，但至少他也能分辨出美丑，至少他能看出，这个李白和天上的仙人几乎是没有多大差别的。

那一日，李白决定乘舟离开，本来他并没有通知任何人，但也不知汪伦从何处得到了消息，就在李白的小舟刚刚启程时，他匆匆忙忙赶到岸边，一边手舞足蹈跳着离别的舞，一边唱起了为李白送别的歌谣。那一幅画面深深印在了李白的脑海里，让李白为之震撼和深深感动。他深情吟道：“李白乘舟将欲行，忽闻岸上踏歌声。桃花潭水深千尺，不及汪伦送我情。”

行路难，行路难

羞逐长安社中儿，赤鸡白雉赌梨栗。

弹剑作歌奏苦声，曳裾王门不称情。

——李白《行路难》

天宝十四年，安史之乱爆发了。

关于这一场动乱，说它全是玄宗的过错也不为过。所谓开元之治，其实是几位皇帝精心治理的结果，到了玄宗的手中，他不过是坐享其成罢了。若说开元之治玄宗有何功劳，也只是固守的功劳而已。可惜玄宗并没有安心固守，在盛世，享受太平的应当只是安居乐业的百姓，皇帝又怎能就此无心朝政，过起纵情声色的生活呢？

那么多才华横溢的人会聚在京城之中，包括各有其能的"饮中八仙"，包括很多治世的良才，他们来到长安并非为了看玄宗如何宠溺杨贵妃啊！就连天下最大的诗人李白，到了玄宗的手里竟然也成了一个助兴的花瓶了！这样的天下如何不败，这样的朝廷如何不被人觊觎呢？正所谓生于忧患死于安乐，这句话，老百姓可以无视，小官小吏可以无视，但是堂堂的一国之君，万民之主，又怎可以忘记？然而玄宗忘记了，如许多亡国的皇帝一样，他忘记了自己肩上担负着怎样的担子，忘记了前朝皇帝的千叮万嘱，忘记了历史的前车之鉴。他的眼中心里已经没有这天下，没有百姓，没有大唐好不容易打下的基业了。他能看见的，只有贵妃娘娘的风姿绰约，他能听见的，只有贵妃娘娘的柔声细语，以及李林甫、杨国忠的谄媚逢迎。

玄宗没有了治理天下的打算，自然有人为他打算。安禄山盘踞北方，早就蠢蠢欲动，他一方面讨好着唐玄宗和杨贵妃，另一方面积极扩展着自己的势力，为的就是有朝一日也能坐上皇帝的宝座。既然天子愚蠢，为何不能换人来当呢？安禄山一边挑动着百姓对皇帝怨声载道的情绪，一边联系着被压迫许久的少数民族，怨气往往是推动战争的最好助力。有这些满怀怨气的人在，安禄山就不愁打不下这江山！

若安禄山是一个爱民如子、目光长远的人，他的这场叛乱说不定就成功了，说不定整个大唐乃至整个中国的历史都要被他改写了，但他不是。当李白来到安禄山的军中时，他就已经看到这个人的军队是多么横行霸道，多么欺压良善。这样的人若真夺下了大唐江山，百姓的境遇只会更加糟糕而已。

可是李白又能怎么做，又能做什么呢？玄宗看不到他的才能无法予以重任，他再怎么着急，在这动乱的天下他仍是无力搅动一寸波浪。他所能做的，只是安顿好自己的家人，让家人不至于在战乱中流离失所。因此，就在安史之乱爆发前的几日里，他匆匆回到家乡。那时候安禄山的军队已经渡过了黄河。可以预想到，过不了多久，家乡就会血流成河了！安禄山的队伍并不是什么纪律严明的队伍，到时候李白的妻子儿女会遇到怎样的情况，谁也无法预知。

好在李白虽然决定不了玄宗的行为，起码他还能决定家人的去处。他总算赶在叛军到来之前，带着一家人匆匆离开，往南而去。安禄山的队伍浩浩荡荡打杀抢掠，李白则用更快的速度向南边逃离。这是真正的困苦之日了。他也曾走遍大江南北，也曾荡一叶轻舟在江上漂浮，只有这次的迁徙，不但狼狈不堪，而且几乎是饥寒交迫的。再乐观的人，也无法不在这个时候皱起眉头，再潇洒的人，在这个时候脚步也会变得沉重了。

在那逃亡的路上，李白仍旧没有停下他的创作。或许对于一个诗人而言，最好的表达自己的方式就是写诗了。只有在写诗的时候，他才能将心里的话说出。有的人写诗是写给别人看的，李白写诗却是写给自己的。那段时间，他写了《奔亡道中五首》，从这五首诗中，我们就能看出当时的李白是怎样的一种心境。

“苏武天山上，田横海岛边。万重关塞断，何日是归年。”当一个游子离开家乡，在外漂泊闯荡时，他通常是不会想到归家之期的。就算家中的人想他想得肝肠寸断，他也总要在外尽了兴才好。因为不论他行得多远，不论他走到哪里，家中的那根线始终连着他，系着他，因为他知道，只要他想回家，随时都可回去。正是有着这样的保证，他才能肆无忌惮地在外游玩。但是若这根线断了，若是家忽然没了，这游子的玩乐之心也就彻底消失了，那时候，他就会怀念时时可以归家的日子了。

当时李白一家正是这样的情况。家乡已经被安禄山的军队占据，就在他们向前逃亡的时候，后面的路也几乎都被封堵了。若再想归家，不知还要等到什么时候。这种心情，只有失去家的人才能体会得到。好在虽然房子没了，家人尚在，只要亲人都在身边，不论走到哪里，都是家了。

“亭伯去安在，李陵降未归。愁容受海色，短服改胡衣。”人在逃亡之中，总是容易想起一些同病相怜的人。李白想到当年李陵败降匈奴之事，心中未免感慨。此时他们匆匆逃亡，安禄山风头正盛，这日子不知何日才能到头。百姓休养生息安居乐业的景象再也看不到，到处都是叫苦连天的人，到处都是饥寒交迫的逃亡者。其中，可能也有许多如李白一样的人，他们可能也曾经抱有一腔的热血，渴望为朝廷效力，为天下谋福。可惜皇帝有眼无珠，不能识才用才，以至他们的理想化为泡影，他们的才能无处施展，到如今，只能带着全家走上逃亡之路。

“谈笑三军却，交游七贵疏。仍留一只箭，未射鲁连书。”李白的心中始终住着一个大侠。当他看到妻儿在颠簸途中受苦，看到溃不成军的玄宗队伍时，他想起了当年战国时期的鲁仲连。当初燕将攻占了齐国的聊城，齐国派出田单去收复，田单打了许久仍然难以攻下，双方俱损失惨重。当鲁仲连得知此事之后，他匆匆赶到聊城，写上一封义正词严的书信，举箭射入聊城之中。连日来的两方交战，本已令燕将焦虑不安，再看到这书信，燕将再难支撑，于是拔剑自刎。这聊城也就不攻自破了。可以说，鲁仲连的一支箭挽救了整个聊城。

李白的心中也有一支箭，若是得到机会，他也想将那箭射出去，来拯救大唐的命运。可惜，不被重用的他，始终是难以将这箭射出去的。尽管如此，李白的侠义之心，他渴望平定天下的心情仍然值得人们去称颂、去夸赞。

“函谷如玉关，几时可生还。洛阳为易水，嵩岳是燕山。俗变羌胡语，人多沙塞颜。申包惟恸哭，七日鬓毛斑。”但豪情过后，李白还是陷入了思乡的情绪中。这场仗不知要打到什么时候，他们这逃难的日子也不知要过到什么时候。整个天下都变了。他们这些没有兵权、没有力量的流离失所的人，只能是看着物是人非的天下而痛哭一场了。

“淼淼望湖水，青青芦叶齐。归心落何处，日没大江西。歇马傍春草，欲行远道迷。谁忍子规鸟，连声向我啼。”再望那粼粼碧波的湖水，或许只有这山这水，千百年来从未改变吧。不论天下变成什么模样，青山依旧，碧草萋萋。再闻子规夜啼，诗人也不再是为赋新词强说愁，而是不忍再听下去了。

这是真正的行路难的时代，这不再是李白一人的行路难了，而是天底下所有无辜百姓的行路难。有力量的人奋起反抗，无力斗争的人就只有缩在一旁。欢声笑语犹如前世声音。此时此刻，只有痛苦，只有悲伤。“行路难，行路难，多岐路，今安在。”

再也没有了什么长风破浪，再也没有了什么直挂云帆。现在人们的信念只有一个，那就是活下去。活下去的话，也许只会越活越苦，但也只有活下去，才有机会看到云开月明的那一天，才有可能有机会去悼念那些在战乱中死去的人。

朝如青丝暮成雪

浮云隔两曜，万象昏阴霏。

萧萧长门宫，昔是今已非。

桂蠹花不实，天霜下严威。

沈叹终永夕，感我涕沾衣。

——李白《古风》

与李白一同走上逃亡之路的，除了同样流离失所的百姓，还有一个人，一个百姓无论如何也想象不到的人，他不是别人，正是当朝天子唐玄宗。

当后人说起唐玄宗与杨贵妃的故事时，一些喜欢浪漫的人总要为玄宗的一片深情所感动。这才叫负了天下也不负卿啊！这才叫爱美人不爱江山啊！人生得此夫君，夫复何求呢？说白了，这不过是太平盛世里的人的一厢情愿。若是他们也能在那动乱的年代待上十天半月，就断然不会说出这样的话了。如果一个男人为了一个女人而搭上全国的百姓，让全天下的人都苦不堪言，那谁还会歌颂这段爱情，谁还会为他们而感动?

后来白居易曾经写下一首《长恨歌》，感慨杨贵妃的境遇。其实白居易并没有说错，杨贵妃只是一个不懂政治的女人，她想要的不过是一个爱她的男人，她懂得什么天下大事，懂得什么朝野纷争？她懂得的只有爱情而已。但她不懂，不代表玄宗也不懂，在皇宫里长大，经历了朝代更迭，最终登上皇位的人，会不懂得耽误朝政犹如害死国家吗？可他偏偏就不理国家，偏偏就沉迷在杨贵妃的温柔乡里。而且，就算玄宗不是皇帝，单纯作为一个父亲他也是不够格的，要知道，杨贵妃可是他从儿子的手中抢下来的啊。

然而是也好，非也好，这都不再重要，重要的是玄宗也加入了逃亡大军之中，并由众将士护送着一路逃往成都。成都是个好地方，一旦打起仗来，带头的都喜欢往那里跑，大概是因为那里易守难攻吧。玄宗到了那里，总算能得到一点喘息。他开始重新集结军队，并任命太子为兵马元帅，任命永王为节度使，分别负责黄河流域与长江流域的防务。

可笑的是，直到这时，玄宗仍然对自己的皇位念念不忘。他担心太子夺取了他的皇位，所以用永王来对太子进行牵制。可是他却没有想过，若是这天下都没了，他的皇位就算保留下来又有什么用呢？不过是一个亡国之君而已！

永王是玄宗的第十六个皇子，也是除太子外最有能力继承皇位的人。他接到任命之后，直接经过襄阳来到江夏，到处招募军队，打算对安禄山进行一次反击。永王希望能利用这个机会巩固自己的势力，待天下大定之后，他才能有机会与太子一争短长。

这盛唐之世当真是要彻底结束了。不仅父亲如此，儿子也是如此。一个玄宗想要巩固自己的皇位，一个永王想要夺取政权，一个太子就更是荒唐，他还没等安禄山的队伍被平叛，自己就率先登基称帝了。这恐怕是最可笑的笑话。安禄山的队伍还在浩浩荡荡地夺取大唐江山，而他们却在争着那早已摇摇欲坠的皇位。历史上，大唐并没有因这场安史之乱而灭亡，但是，如果安禄山真的篡位成功了，那么玄宗、永王、太子争的，也不过是一个亡国之君的名而已！

太子亨不但称了帝，还下令让永王回到成都去侍奉太上皇。永王自然不愿听他之令，他就在寻阳驻扎下来，在那里招兵买马继续扩大自己的势力。

李白与家人当时恰好在庐山隐居。永王得知此事之后，便派出了韦子春到山上去邀请李白，希望能得到这位当世大才的助力。这大概是李白有生以来第一次遇到此种境遇吧。当初终南山三年，他无缘得见皇帝，后来他见到皇帝，被当了三年摆设。如今这动乱之时，皇帝的儿子竟然终于明白他的才华，请人来三顾茅庐了！李白本就抱着国家兴亡匹夫有责的思想，见到永王如此虔诚，他又怎会不去呢？他自然是欣然而往的。

当时的李白已经五十六岁。他就这样投笔从戎，来到了永王的军队，成为了这皇家兄弟政治争斗的牺牲品。其实李白到了军中又能做什么呢？他只是一介文人，不能带兵打仗，他并非熟读兵书的人，也不能出谋划策。他能做的，只是写几首诗表几句忠心而已。他对永王起的作用，大概只是给予永王一点心理安慰而已。至少永王在与太子交锋的时候，会觉得，当代大诗人都在他这里，他有什么理由不赢呢？

李白还是想得太简单了，他只知道天下大乱，只知道自己应当挺身而出，至于李家父子的那一点小心思他根本是想象不到的。其实，一个具有高尚人格的人，又怎么可能想到，大敌当前之时，这些本应团结一心齐力抵抗外贼的人，竟然还在争权夺势。

就这样，安禄山的叛乱还没有被平定，已经登基称帝的唐肃宗便把刀锋对准自己的兄弟永王了。那时候，高適就在肃宗的队伍中，安禄山任命高適为淮南节度使，加上来瑱、韦陟，三面包围了永王的军队。物是人非事事休。遥望当年高適李白杜甫共同把酒言欢，那是何等畅快！如今，高適与李白却是两军对垒，各为其主了。

这一点，高適没想到，李白也没想到。不过李白更想不到的是，他从军是要打胡人，打安禄山的，为什么忽然变成了要打大唐的军队了呢？这世界实在是太过复杂，让人太过糊涂了。李白活了大半辈子，忽然觉得自己看不懂这人间了。人实在太难懂，太难捉摸，比那天上浮云更加飘忽不定。

到此时，李白也该彻底死心了才是。

事实上，他也真的是死心了。永王的军队本就是为了平定叛乱而集结的，当大家发现他们的敌人变成了大唐的军队时，就没人愿意打下去了。将军季广琛带领大家逃离永王的队伍。这一场政治斗争，永王基本是未战先败的。军已经不成军，为首的永王也只剩下逃亡一条路。后来永王在逃亡的过程中被皇甫侁抓获并杀死，这番荒唐的政权之争也才算是结束。

李白又回到了逃亡的路途。若是当初他不曾加入永王的军队，在庐山隐居也未尝不是件好事。可是他加入了，所有人都知道他加入了。他不但加入，还写下许多诗篇并流传开来。这样全天下，就没有人不知道李白加入了永王的军队，加入了与大唐为敌的叛军。

这才真的是荒唐而可笑了。一心报国的李白就这么被打成了国家罪人。世事如此无奈，如此荒唐，在这样的人间，又有谁能主持正义呢？颠倒黑白的人间啊，就这么愚弄着善良的人。已经成为国家罪人的李白又开始逃亡了。与上次不同的是，这一次他不是在逃离叛军安禄山，而是在逃离大唐军队的抓捕。

无奈中的李白只能掩头遮面，他一路逃到彭泽，以为不会被人认出，才算放松下来。在那里，他回想起自己的半生，忽觉人生就是一场滑稽的戏剧。他究竟是为了什么而来到世上，究竟是为了什么积极生活？最美的终究还是那些山川大泽。至少美景不会骗人不会伤人，不会让他陷入真正的绝望。

这一次李白真的是绝望了。他的绝望，并非因为自己的状况，而是因为对这个世界彻底失去信心。李白并未做错过什么，为什么老天要这样对待他？他不过是存着一颗报国之心，不过是希望能够发挥才能，为什么要接受这样的惩罚呢？难道是因为他无意中伤的人过多，才换来这样悲惨的结局吗？难道只是因为他曾经太过风光，现在才要变得这么可怜吗？

他来到一个酒馆，想靠饮酒来纾解心中烦闷。然而他并没有多少钱可以用来买酒喝，就算买了，也买不到什么好酒。他苦笑，想起当年在长安，时有权贵请他喝酒，那当真是琼浆玉酿啊！那时候他有着喝不完的酒，有着唱不完的诗，那段时间里，他几乎是将一辈子的酒都饮尽了！

也许他真的是在那时将一辈子的酒都饮尽了吧。所以他现在才会觉得喝一点儿酒都难。在民间的传言中，如果一个人在短暂的时间里享受太多，就会将一辈子的福分都用没了，然后在剩下的日子里，他就再也得不到任何享受，只能是在穷苦日子里挣扎了。这只是传言而已，但是对李白来说，这却是一语成谶。

李白将身上不多的钱拿出来，买了一壶酒。他现在不能尽情欢饮，只能一口一口地慢慢喝，只要喝得慢些，他就能喝得久些。然而，这一点儿酒怎么够他大醉一场呢？若无法醉，他的愁绪又如何能解呢？可悲可怜的人啊，不管当年的日子他是否还能够再经历一回，至少此时此刻，他是从天堂跌入地狱了。

不一会儿，忽然有几个官兵来到这酒馆。李白发觉不对时已经太迟，为首的小官来到李白面前，大笑道："你就是永王叛军中的李白吧！"李白沉默，没有否认，他也不可能为了逃离而否认自己的身份。那小官冷哼一声，嘱咐手下士兵："把他带走！这下兄弟们有好日子过了！"声音一落，几个士兵七手八脚地把李白架起来，带出了酒馆。那桌上的酒尚未饮尽，大概是因为酒太苦，所以李白都没有回头看一眼，就这么面无表情地被带走了。

这酒的确是太苦，太苦了。

问君西游何时还

昔别雁门关，今戍龙庭前。

惊沙乱海日，飞雪迷胡天。

——李白《古风》

这日太阳一如往常放射着自己的光彩，阳光洒落在大地上，将青青碧草映作金黄色。那些驻足在大路上的细小石粒，肆意享受着这场免费的阳光浴。直到几个匆忙的脚步将它们踢到附近潮湿的草丛中，才算是结束了它们的好运。那脚步的主人是几个官吏和一个戴着手铐脚镣的犯人，这个犯人正被送往附近的监狱，如无意外，他就将在监狱中度过此生了。

草丛内，几只蚂蚱正在欢快地你追我赶，战乱虽然夺去了它们的家园，但它们还是一如既往地欢乐，因为它们还不能理解什么是苦，什么是难。它们只知道，当一个家园没了，只要奔往另一个家园就好，一个亲人没了，只要再去寻找其他亲人就好。这个草垛若是被同类占了，它们就去寻找另外的草垛，反正天下之大，总不会没有几只小虫的容身之处的。

它们的想法虽然简单，但也并没有错。不够聪明的生物可以度过欢快无忧的一生，这难道还不足以让人钦羡吗？蟪蛄不知春秋，朝菌不知晦朔，看起来好似可悲，其实它们既然不知，也就不盼，既然不盼，又何来悲哀？就好像人生在世，虽然好似看得远了，看得多了，但人们仍然无法知晓几千年后世界的模样，仍然无法看到几亿光年外的宇宙光景。而正因看不到，也就不会去想。所以，尽管宇宙这么大，人这么小，也没有多少人去关心那些无法触及的辽远的世界，就算几光年外两颗行星正在相撞，生存在地面上的人们也只是更关心下一顿该吃什么。

这几个押送着犯人的官吏自然知道下一顿该吃什么，他们会吃一顿非常好的大餐，因为他们抓到罪人有功，上头给了他们许多奖励，这奖励足以让他们喜笑颜开了。不过他们并没有因此就对那犯人好些，而是对他拳打脚踢得更狠了一些。

他们就这样押送着犯人，这条路虽然鲜有人行，但偶尔也会有些路过的行人向他们瞄两眼。行人的心里也许在想，不知是哪个倒霉的人受到了这乱世的连累？那犯人灰头土脸，当行人看到他时，也不可能发出“谪仙人”的惊呼，所以他们根本想象不到，这犯人正是当代最受人推崇的大诗人——李白。

几个官吏将李白连推带打地送到了附近的监狱，并嘱咐狱卒：“这是当今天子下令缉拿的要犯！你们可要看仔细了，不然小心人头落地！”狱卒听了心中一抖，这等要犯可是了不得的人物，若出了事，那他真是有几条命都赔不起的！他连忙点头称是，接过犯人李白：“几位大爷放心，小的不敢怠慢！”

其实他怠慢不怠慢，这几个官吏根本不关心，因为他们已经将李白送到了监狱，这就算是完成任务了。回去之后，谁还管李白是死是活？他们尽情利用上面给的赏赐，去最好的酒楼喝上最佳的美酒才是正事。若李白知道他们的心思，大概更要悲苦难当了。这些官吏即将面对的是一场开怀痛饮，而他李白即将面对的，却只有阴森的牢狱。

李白在狱卒的押送下，脚步沉重地走进属于他的牢笼。监狱地上潮湿，不时有蜘蛛蚂蚁爬上脚面。想他李白潇洒半生，竟然也要经历这番苦楚。大概他真的是天上神仙下来历劫的吧。他既享受了最好的时光，又即将迎接最大的苦难。这世上有他这般经历的又能有几人呢？有几人既能享受到贵妃捧墨的待遇，又能感受到阶下囚的凄凉？有几人既喝过天下最美的佳酿，又吃过最难以下咽的牢饭？李白的一生真是一场跌宕起伏的戏剧。短短数十年，他的经历比别人几辈子的经历更加曲折。

狱卒没好气地将他推入牢里，骂道："都是你们这群败类，让老子成天心惊胆战的，呸！"想到这，他又狠狠地往李白身上踢了一脚。李白连番逃亡，加上年纪大了，身体早就不如从前，他这一踢，让李白冷不防直接跌倒在地上。狱卒这才算解了恨，锁上牢门愤愤而出。

李白并没有责怪这狱卒，他知道，这不过是在乱世之中苟延残喘讨生活的底层人，他们心中有怒气，自然要寻人发泄的。李白只是苦笑，笑自己竟也能有今日。此时他的一双儿女正在鲁地，妻子则在豫章，他们一家人可谓东分西散。想到亲人分离之苦，他不禁痛哭起来。

好在李白并没有放弃希望，即便入了牢狱，他仍然希望自己能够沉冤得雪，离开此地与家人团聚。几日之后，见狱卒对他没有那么多的怒气了，他好言好语从狱卒那里讨来了纸笔，写下一封书信《万愤词投魏郎中》：

海水渤潏，人罹鲸鲵。蓊胡沙而四塞，始滔天于燕齐。何六龙之浩荡，迁白日于秦西。九土星分，嗷嗷栖栖。南冠君子，呼天而啼。恋高堂而掩泣，泪血地而成泥。狱户春而不草，独幽怨而沉迷。兄九江兮弟三峡，悲羽化之难齐。穆陵关北愁爱子，豫章天南隔老妻。一门骨肉散百草，遇难不复相提携。树榛拔桂，囚鸾宠鸡。舜昔授禹，伯成耕犁。德自此衰，吾将安栖。好我者恤我，不好我者何忍临危而相挤。子胥鸱夷，彭越醢醢。自古豪烈，胡为此繄？苍苍之天，高乎视低。如其听卑，脱我牢狴。傥辨美玉，君收白珪。

这封信他是写给自己的好友魏郎中的，希望对方看到信后，能够感他悲苦，助他脱离牢笼。李白到底是性情中人，他的书信中，几乎只是在描绘自己的心情，对于自己所受的冤屈却是只字不提。其实这反而成就了他。因为他的冤屈是皇帝给的，他若申冤，那才当真是自寻死路了。

此外，他还写信给自己的妻子宗氏，一方面表达了对妻子的怀念，以及当初未听劝阻的悔恨之情，另一方面，也希望妻子能够坚强地挺过现在这个最艰难的时候。他在《在浔阳非所寄内》中写道："闻难知恸哭，行啼入府中。多君同蔡琰，流泪请曹公。知登吴章岭，昔与死无分。崎岖行石道，外折入青云。相见若悲叹，哀声那可闻。"

他料到妻子在听说他入狱之后，必定会四处奔走营救他。一想到这里，他就又是难过，又是感激。他庆幸自己在临近花甲之年时还能娶到这样一位了不起的妻子。李白的一生中除了留下许多诗篇，并未取得什么惊天动地的大成就，但就是这样的他，还能有那般美妻相伴，还能有那样多的好友牵挂他。就算他真的在这监狱里了结残生了，他的一生也已是足够精彩。

其实，在外奔走欲搭救李白的，还有很多人。要知道李白在当时真的几乎是天下文人骚客的情人。当李白出事，固然有许多人选择明哲保身撇清关系，但也有人为此心痛，希望帮助李白离开那个阴暗的监牢。只是搭救李白这件事实在是太难了，因为唐肃宗根本不会给他们这个机会。

这真是一件非常有趣的事。在安史之乱平定之后，唐肃宗赦免了许多跟随叛军之人的罪，但对于跟随永王的人，他却根本不给对方留半点机会。他可以对敌人仁慈，但对自己的兄弟，心却比冰霜更寒，更冷。他能原谅自己的敌人，却不能原谅自己同父的兄弟。这就是人性的悲哀。

好在人性不光有肃宗这样的悲哀，也有李杜之交那样的高尚情怀。就在全天下没有几个人敢为李白发出声音时，远在他乡的杜甫却写下了那首《不见》：

“不见李生久，佯狂真可哀！世人皆欲杀，吾意独怜才。敏捷诗千首，飘零酒一杯。匡山读书处，头白好归来。”杜甫并没有多大的本事，他没办法在实质上帮助李白出狱，他所能做的，只是为李白呐喊一番。哪怕皇帝因此而降罪于他，他也是在所不惜的。

夏去秋来，时间匆匆流逝，芳草变作枯黄，冷风凄凄，大地现出愁容。这恰是诗人喜爱伤怀的时节，但宣城太守宋若思却没有伤怀的闲情，这时候他正要率军去河南平叛。大军途经浔阳，官兵在城外歇息，宋若思则往城中拜会浔阳太守。这一拜会，他才得知原来当世的大诗人李白竟然就被关在这里。

宋若思与李白并无什么交情，但他的父亲宋之悌是李白的好友之一。宋若思还记得那时，他年纪尚小，父亲身在家中，每日茶不思饭不想，口中只念叨着“太白、太白”。

想到从前父亲对李白的惦念，再想到李白此时此刻在牢中的境遇，宋若思心中是说不出的难受。他也听说过李白入狱的原因，其实每个人都知道李白入狱是多么冤枉。谁会相信他加入永王军队是为了助永王登基称王呢？若非为了平叛乱党，谁会放着自己好好的日子不过，去军中受苦呢？偏偏那肃宗不通情理，要将接触过永王的每一个人都置于死地啊！

那些日子，宋若思的军队上下都很纳闷，他们休整了许多日，明明早已蓄势待发了，不知为何太守大人却迟迟不动。他们当然不会知道，那些日子里，宋若思是在动用一切关系，并拿出了许多金银财宝，他的目的只有一个，就是营救李白出狱。宋若思到底是手上有兵权的人，他的话比那些柔弱文人要管用得多。在他的多方奔走下，李白终于被带出了监狱，终于再度看到外面的阳光。

宋若思将李白营救出来之后，提出希望李白可以加入他的幕府，继续为朝廷效力。李白为了效忠朝廷，经过了数十年的沉浮，若是换了别人，恐怕早就心灰意冷，想归隐山林了。然而他却并非一般人，他不但答应加入了宋若思的幕府，甚至还在宋若思的提议下，自己起草了一份将由宋若思上表朝廷的推荐李白入朝廷的推荐书。若用今天的话来说，李白也当真是一个奇葩了。

为了表达他能再度从军的欢喜之情，他在《中丞宋公以吴兵三千赴河南军次寻阳脱余之囚参谋幕府因赠之》中写道："独坐清天下，专征出海隅。九江皆渡虎，三郡尽还珠。组练明秋浦，楼船入郢都。风高初选将，月满欲平胡。杀气横千里，军声动九区。白猿惭剑术，黄石借兵符。戎虏行当翦，鲸鲵立可诛。自怜非剧孟，何以佐良图。"

还是那样的豪情，还是那样的痛快，谁能想到，这是一个刚刚经历了牢狱之苦，刚刚从暗无天日的监狱中出来的人说出的话，写出的文章？三番四次被朝廷辜负之后，依旧能够带着最初的热血为朝廷效力，这是怎样的风骨，是怎样的情操啊！为什么天下人都这样爱李白？这就是原因。李白的风雅，并非是文人的酸儒，他是真的心如玉雪，纯白无瑕的！

但愿长醉不愿醒

试为巴人唱，和者乃数千。

吞声何足道，叹息空凄然。

——李白《古风》

李白今生注定是要被朝廷辜负的。尽管他带着满腔热血，在宋若思的幕府中等待着终于能够被朝廷重用的机会，但他等来的，只是肃宗的一道流放圣旨。肃宗同意放李白出狱，但并不等于就能接纳李白，他将李白流放到夜郎，希望他能在那里自生自灭。这就是朝廷的意见，这就是他们对一个忠君爱国的老诗人的处置。

那已经是冬雪飘飞的时节了。在这样的日子里，家人们往往喜欢团坐在屋内，点起一个小火炉，在上面烫些小酒，在冰天雪地的日子里感受家的温馨。然而李白感受不到这份温馨。离开阴暗湿冷的监牢，并不意味着他的日子会从此好过。他必须要在这地冻天寒的日子里，只身前往夜郎。

动身之时，妻子与弟弟在乌江为他送别。李白心中又是感激，又是愧疚，为此他在《窜夜郎于乌江留别宗十六璟》中写道："君家全盛日，台鼎何陆离。斩鳌翼娲皇，炼石补天维。一回日月顾，三入凤皇池。失势青门傍，种瓜复几时。

犹会众宾客，三千光路歧。皇恩雪愤懑，松柏含荣滋。我非东床人，令姊忝齐眉。浪迹未出世，空名动京师。适遭云罗解，翻谪夜郎悲。拙妻莫邪剑，及此二龙随。惭君湍波苦，千里远从之。白帝晓猿断，黄牛过客迟。遥瞻明月峡，西去益相思。”

其实李白最对不起的人就是他的妻子。在他的一生中，一共经历了四个女人。第一位妻子许氏是他在酒隐安陆时娶下的，有人说他之所以娶许氏是因为看中了她宰相孙女的家世，只是为了给他自己的政治抱负铺路。这种说法是真是假已不可考，只是当李白在外努力经营着自己的理想时，他的这位贤良的妻子却在家中抱病而终了；他的第二位妻子刘氏，与其说是妻子，不如说只是一段露水姻缘。刘氏是为了他的才华而不顾一切投奔他的，如果刘氏并非是女儿身，如果她只是如岑勋，如魏万那样的仰慕者，或许这又能是一段佳话。可惜刘氏是女人，而且是一个渴望爱情的女人，当她发现在李白那里得不到爱情之后，只能是怒而离开；关于他的第三位妻子的记载不多，我们知道的，只是李白在娶了这位妻子之后，也还是没有停下他四处游历的脚步，她的结局与许氏多少有些相似，就是独守空房郁郁而终；到了第四位妻子宗氏时，她也同样是一年四季很难得见李白几天。李白能够给予她的，不过是一点儿无用的牵挂而已。

而今，他又要离开妻子前往夜郎了。从前，他四处游玩是为了自己的一颗不羁的心，这一次他前往夜郎，却是不得不去的了。此去夜郎，不知何日才能归还，一想到这里，他的心就如被撕碎了一般。

大概是上天再一次被李白感动。这一年关中大旱，百姓苦不堪言，而这时肃宗正要册封太子，为了让册封过程顺利进行，也为了国运能够有所好转，肃宗终于在众议之下，发出了大赦天下的诏书。诏书下达之日，李白才刚刚到达巫山。听到这个消息，他简直是欣喜若狂了。上一刻他还在为不知何日才能归家而困苦，下一刻他就一扫愁绪，欢快得如同一个得到奖赏的孩子。他立刻掉转自己的行程，往家中赶去。明明分别才几日，李白却觉得自己好似已经同妻子分离了几个寒暑。相信妻子此刻也知道了这个消息，正在高兴地等待自己的夫君回家吧！

经历了这样一番沉浮，李白就应当与妻子从此隐居避世了。然而李白就是李白，他没有选择隐居，甚至连当初的修道之心也没有了。他依旧坚信着“天生我材必有用”，依然找寻着各种能够入幕的机会。他是一个彻头彻尾的理想主义者，就算现实用重锤击打他，他也只有在被击打的那一瞬才能意识到疼痛，然后，在伤口还未彻底痊愈之时，继续坚持最初的心。

国家仍在动乱之中。在至德二年，安禄山的大军也发生了变化。安禄山的儿子为了夺权杀死了安禄山，并即位成大燕皇帝。这件事情给了安禄山的军队不小的打击，肃宗也就是在那时才趁机夺回了长安和洛阳。两年后，史思明又杀死了安禄山的儿子，继续着安禄山的谋反之路。

在这样的乱世中，李白不愿独善其身，他来到江夏鄂州，找到在那里出任刺史的好友韦良宰。韦良宰正要前往京城复命，李白便写下《经乱离后天恩流夜郎忆旧游书怀赠江夏韦太守良宰》，主要表达了自己想为朝廷效力的愿望，期盼好友能在皇帝的面前举荐他。其实，当时的情势，除了李白，谁都是心知肚明的。当初宋若思在朝廷举荐李白，换来的只是将李白流放夜郎的诏书。经过那次，大家都明白了肃宗是根本不可能让李白进入朝廷的，偏偏只有李白想不通，看不明。

李白并非没有进入过朝廷，当年玄宗皇帝用他三年，他也不是没有看到朝廷对他的态度。但他就是不愿醒悟。他醉在自己的理想中，醉在自己为自己营造的世界里。他真的是醉了，太醉了，醉得看不清现实了。韦良宰不愿熄灭李白的热情，他只能是口头应承下来。既然李白是深处梦中，那就让他这梦做得更久些吧。毕竟，若是他的梦真的碎了，那他的心也就算真的死了。

尽管李白始终没有放弃进入朝廷效力，但是朝廷的大门对他还是紧紧关闭着。心中烦闷的李白只有用四处游历来排解情绪。那一年，年过花甲的李白来到寻阳，这个给他留下了非常糟糕的回忆的地方。他登上庐山，写下一首《庐山谣寄卢侍御虚舟》:“我本楚狂人，凤歌笑孔丘。手持绿玉杖，朝别黄鹤楼。五岳寻仙不辞远，一生好入名山游。庐山秀出南斗傍，屏风九叠云锦张，影落明湖青黛光。金阙前开二峰长，银河倒挂三石梁。香炉瀑布遥相望，迥崖沓嶂凌苍苍。翠影红霞映朝日，鸟飞不到吴天长。登高壮观天地间，大江茫茫去不还。黄云万里动风色，白波九道流雪山。好为庐山谣，兴因庐山发。闲窥石镜清我心，谢公行处苍苔没。早服还丹无世情，琴心三叠道初成。遥见仙人彩云里，手把芙蓉朝玉京。先期汗漫九垓上，愿接卢敖游太清。”

李白登过许多次庐山了，每一次登上庐山，他都会发出不同的感慨。这一次，他看到庐山，想起自己六十余年来执着于理想，不论现实变成什么样子，都拼了命地想要去为国效力，到此，他终于醒悟过来，终于发觉他的理想根本是无法实现的了。这一次，他是真的决定放下一切，安心归隐了。可惜啊，这种心情只持续了几个小时。当他走下庐山，当他又看到那满目疮痍的天下，他就忘记了自己面对庐山时的归隐心境，又在仔细思索着怎样才能在这乱世中贡献一份力量了。

他就是这样不死心，在他的人生中，大部分时间他都是活在梦中的，只有当他面对高山瀑布，面对碧水繁华之时，才能短暂清醒过来。后人在追溯李白的故事时，总是为他着急，明明他在诗文上的成就已经足够他名垂千古了，为何他偏要给自己找不愉快，偏要把自己的理想放在那个根本不值得他去在意的朝廷呢？连他自己也说过“吾观自古贤达人，功成不退皆殒身”，说过“且乐生前一杯酒，何须身后千载名”，为什么他自己说完之后，转过头又去执着于那些无用的功名呢？还是说他说的每一句话都不过是在劝解他自己，最后，也没能劝解成功呢？

安史之乱仍在继续着。史朝义将父亲史思明杀害夺取政权，然后率兵南下，攻下了梁宋一带。而梁宋一带，恰是李白的家。家园再度遭到侵犯，李白心中又悲又怒，只希望能手刃敌人，夺回自己的家园！

其时李光弼受命率兵南下收复失地，李白一心投奔李光弼，想要亲自上阵杀敌，保护国家。一个花甲老人，在自家院子里带着激动的心情磨着宝剑，他要把剑磨得又尖又亮。他甚至还自己准备了一套盔甲。如同少年时期那样，这个老人意气风发地离开家门，前去投军！

然而，他还没有见到李光弼，自己就先病倒在路上。无奈之下，他又回到金陵养病，并写下《闻李太尉大举秦兵百万出征东南懦夫请缨冀申一割之用半道病还留别金陵崔侍御十九韵》:“秦出天下兵，蹴踏燕赵倾。黄河饮马竭，赤羽连天明。太尉杖旄钺，云骑绕彭城。三军受号令，千里肃雷霆。函谷绝飞鸟，武关拥连营。意在斩巨鳌，何论鲙长鲸。恨无左车略，多愧鲁连生。拂剑照严霜，雕戈鬘胡缨。愿雪会稽耻，将期报恩荣。半道谢病还，无因东南征。亚夫未见顾，剧孟阻先行。天夺壮志心，长吁别吴京。金陵遇太守，倒屣相逢迎。群公咸祖饯，四座罗朝英。新发临沧观，醉栖征虏亭。旧国见秋月，长江流寒声。帝东信回转，河流复纵横。孤风向西海，飞鸿辞北溟。因之出寥廓，挥手谢公卿。”

他想象着李光弼军队浩浩荡荡，显赫君威，无奈他只能在病床上听着别人传回的战况。失地或许很快就会被李光弼收复，这乱世或许也会被郭子仪、李光弼他们平定，然而无论如何，那都与他无关了。

何须身后千载名

大鹏飞兮振八裔，中天摧兮力不济。

馀风激兮万世，游扶桑兮挂石袂。

后人得之传此，仲尼亡兮谁为出涕。

——李白《临路歌》

这一场大病彻底击垮了李白。身体的病痛还在其次，不能参军杀敌的无力感才是李白真正的症结。他躺在病床上，负责照顾他的是比他小十一岁的族叔李阳冰。这病不光重，而且贵，需要用犀角等名贵药材才能治疗。为了治愈李白的病，李阳冰变卖了许多家当来买药。可惜，一是战乱时期生活困窘，二是李白病得太重，不论李阳冰怎样悉心照料，李白的病情仍是不见任何好转。

转眼间又是冬天了，躺在病床上的李白一时清醒，一时糊涂。有时候，他感觉自己并非躺在病床上，而是身处青云之巅，在与云中仙人痛快饮酒畅谈；有时候，他感觉自己又回到了长安，与那“饮中八仙”共同畅饮长安的美酒；有时候，他又感觉自己身在路上，陪伴在他身边的便是杜甫，他们二人时而畅快饮酒，时而游历名山，时而共同访道，时而同榻夜谈……只有在清醒的时候，他才看清他真正的境遇，才明白原来他的人生就要走到终点了。

寒风凄凄，飞雪如箭。李白躺在床上无法起身，他让李阳冰将自己的诗稿拿出来，并托付他将这些诗稿编辑成册，也算是给自己在人间活了一场的交代。身在病床上的他自然不知道，就在这一年，高中进士的魏万已经将他上一次托付的诗稿变成了诗集，并给那诗集写了序言。

李阳冰心情悲伤地接过书稿，并且答应了李白的临终托付。李白回想自己的一生，想到他努力了六十多年，最后留下的竟然只有这些无用的书稿，他连悲恸的力气都没有了。临死前，他写下本篇开头的那首《临路歌》，为自己的一生感叹。

李白在年轻的时候，十分喜爱庄子的《逍遥游》，大鹏扶摇九万里，御风而行，泠然善也！那时候，他觉得自己便是那居住在北溟的鲲鱼，不久之后，他就会一飞冲天，扶摇九天之上！他甚至已经能够预见到自己意气风发腾云驾雾的气派了！而如今，再想起年轻时的豪情，他只觉得这只大鹏还未飞到九天之时，却因为无力支撑而落下来了。

原来庄周并不能在云天之上做一场逍遥游，原来孔丘离去也无人能为他大哭一场，原来所有豪言壮语都不过是空梦，不过是美好的幻想。文字再美，再壮丽堂皇，仍旧只是文字而已。就算当人们读那些文章的时候，能将自己融入到那壮美的想象中去，当合上书籍，需要面对的仍旧只有赤裸裸的现实。

梦，终究是梦。梦醒了，人也就悟了，也就了了。而李白的梦恰是他的一生，当他的梦结束，他的人也就可以离开这尘世了。他是天上谪仙人，这尘世容不下他，容不下他。于是，就在那个北风呼啸、霜雪漫天的冬日里，病床上的李白咽下了他的最后一口气。

在李白去世之前，不曾有过对这样的仙人般的人物的记载，在他之后，迄今为止，人世上也不曾出现过这样一位伟大的诗人。他死了，就这么死了。几千年的中华大地，只出现过这么一个李白。也许再过几千年后，若那时人类尚在，回顾历史，或许也仍是只有这么一个李白吧。而就是这个李白，他将他豪情浪漫的一生，结束在了这个寒冷的冬夜，结束在了那个简陋的病床上。

天地何其悲，北风扶摇直上。夜路行人匆匆归家，忽见天降奇景，一道金光照射在前方的李阳冰的房屋上方，忽然，风雪呼啸，那雪竟是化作一只大鹏之象，直飞冲天！这奇景转瞬即逝，风雪散去，天地重新恢复冰寒的永夜。行人觉得自己是见到鬼了，忙加快脚步回到家里，看看妻子孩儿是否仍旧安好。

而第二日，当天地再度变作明亮，当房屋上的冰雪在日光的照射下闪着晶莹的光芒，那时，人间也再无李白。

不久后，玄宗与肃宗都死了。皇帝死了不能说是死了，要说是驾崩。其实死了就是死了，不论你是升天还是驾崩，你都是死了。死了，也就不用再祸害这天下，不必祸害前人创下的基业了。登基的皇帝是代宗，与前两位皇帝不同，这位新王十分喜欢李白，登基之后，他立即下了诏书任命李白为左拾遗。李白盼了一生的机会，在他离世之后姗姗来迟。若是李白尚在，他一定又兴高采烈开开心心前去赴任了吧。还好当时李白已经离去了，否则恐怕会被朝廷再伤一次心。

当然，关于李白的死，还有第二个故事。

那一夜，李白正在城西的亭中饮酒。他总是能喝到天下最美的酒，从前，他的酒是用金钱换来，或者是朋友赠予的。当他年岁越来越高，他的酒也变得越来越多，然而却很少有人见到他出门买酒。这真的是太奇特了。若非他不曾买酒，那么他的酒究竟从何而来呢？莫非是从天而降吗？还是说，他真的是太白金星转世，云中仙人看他无酒喝太过可怜，才时常下来赠酒给他吗？

若当真如此，那他的酒恐怕是连皇帝也喝不到的佳酿了！可惜附近没有与他一样有才华的文人，不然利用文人间的交情还能讨来些仙酒让凡尘之人也来尝尝。

此时李白身边并无他人，他只是独自一人一杯一杯地喝着酒。人的年岁越高，反而越不容易喝醉了。他的面前放着两只玉杯，每一次，他都是将这两只杯斟满酒，自己饮下一杯之后，又将另一杯高高举向明月，然后洒在地上。李白穿着一身白袍，他的头发胡子都白了，但并没有凌乱地散在那，而是梳理得十分整齐。当李白将盛满美酒的玉杯高举之时，简直是一张醉仙人的妙图。

李白越喝越尽兴，越喝越快活。他甚至拾起放置在一旁的宝剑，痛快地舞起剑来。他的动作轻快，实在不像是一个花甲之岁的老人。剑光飞舞，在月色之下，不知是银月柔和了剑意，还是剑气潇洒了月光。都说美酒醉人，其实醉人的又何止是美酒？一场剑舞，也能给人添加醉意。李白舞累了，将宝剑收入鞘中，继续斟酒饮酒。

他将自己那杯酒饮下之后，端着另一杯酒来到湖边，正想将酒杯高举在空中邀月共饮，谁知他忽然看到了在湖心的月影，顿时，他惊喜非常，手舞足蹈起来！他哈哈大笑道："好友啊好友！我邀你邀了一生，如今你终于愿意屈尊降贵，来陪我喝酒了吗？既然来了，何必拘谨？快来快来，与尔同销万古愁！"

说起来，李白当真是邀了一生的明月！早在许多年前，李白就曾经为明月送去《月下独酌四首》的情诗，其一为："花间一壶酒，独酌无相亲。举杯邀明月，对影成三人。月既不解饮，影徒随我身。暂伴月将影，行乐须及春。我歌月徘徊，我舞影零乱。醒时同交欢，醉后各分散。永结无情游，相期邈云汉。"

那时候，明月高高挂在天空，不论李白怎么敬它，它就是不理不睬，最后李白也只能是无奈自嘲，如每一个失恋的人那样继续着他的单恋。这一生的邀请，莫非明月当真被他的真情所感动了吗？

见明月仍在湖中不动，李白笑道："你既然已经来到此地，又害羞什么呢？我这里有最美的佳酿，你我定要在此痛饮三百杯！你既然不愿过来，那我便不客气，过去拽你啦！"说罢，李白当真一脚踏入湖中去寻明月了！当他一脚踏空跌入湖中时，再抬头看去，夜空中那有着皎皎之光的圆盘，却不是明月？

李白苦笑道："原来湖中的只是你的影子，原来你还是不肯下来同我喝酒啊！"明月依旧高悬在天，本就醉得一塌糊涂的李白在湖中无力挣扎，渐渐地沉入湖底。第二日，当人们在湖中捞起他时，他早已不知死去多久了。

这两个故事，你可以选择相信第一个，也可以选择相信第二个。只是如果你真的选择了后者，那就说明，你也与李白一样，是个性情浪漫的人。

后　记

李白已是一位很难超越的诗神，一位出神入化的领袖。他的名字已构成唐诗的一枚标签。爱上他的诗就像生一场相思病，病中的你没有耻辱感，只有满足感。“别人很空虚，而我的心是满的……”

爱上李白是那样自然，因为他的豁达、洒脱和对自由的追寻。一般人很难达到李白的境界，正因为如此，才会对这种超凡脱俗的境界无比崇敬。李白有“长风破浪会有时，直挂云帆济沧海”的豪情，有“天生我材必有用，千金散尽还复来”的自信，有“安能摧眉折腰事权贵，使我不得开心颜”的傲骨，也有“仰天大笑出门去，我辈岂是蓬蒿人”的张狂。

李白最大的魅力不是他的酒量，不是他的文采，而是他典型的性格：充满了对自由的热爱。他在历史的长河里成为一朵奇葩，他的典型形象屹立不倒。

唐诗之所以是中国文学史的一个巅峰，恐怕也源自它表现出的这种自由的精神。唐朝的诗歌拥有灵魂，不是徒具肉体的丰腴与语言的华丽。

李白不仅是我们民族的一个诗神，同时也是我们民族的一个酒神。一个会写诗的酒神，是诗神与酒神的结合体。他创造了自己的神话，也创造了唐诗的神话。也只有李白，才配称作谪仙。此曲只应天上有。这就是酒仙与酒鬼的区别、诗仙与平庸的诗人的区别。

李白立志从政却做了文人，大唐的庙堂少了一位宰相，中华的文坛却多了一位诗仙。天降谪仙，人妒英才，到底是幸还是不幸呢？

历史无法改变，我们是幸运的，正因为如此的命运格局，我们才得以见识李白的才华。

本书遵循史料的痕迹，还原李白的真实生活，将他的性格、他的诗作、他的爱恨都融进他的诗里，为读者勾勒出一个最真实的李白。